PRÉCIS

DE

GÉOGRAPHIE

ANCIENNE ET DU MOYEN-AGE.

PARIS. — IMPRIMERIE DE FAIN ET THUNOT,
rue Racine, 4, place de l'Odéon.

PRÉCIS

DE

GÉOGRAPHIE

ANCIENNE ET DU MOYEN-AGE,

PAR **E. SOULIER** (DE SAUVE),

Professeur, Membre de plusieurs Sociétés savantes ;

SPÉCIALEMENT RÉDIGÉ

POUR

L'ATLAS ÉLÉMENTAIRE SIMPLIFIÉ,

ADOPTÉ PAR LE CONSEIL ROYAL DE L'INSTRUCTION PUBLIQUE.

DEUXIÈME SÉRIE.

Paris,

J. ANDRIVEAU-GOUJON, ÉDITEUR,

RUE DU BAC, N° 6.

1839.

PRÉCIS

DE

GÉOGRAPHIE

ANCIENNE ET DU MOYEN-AGE.

MIGRATIONS DES PEUPLES.

Cette carte présente l'étendue approximative du monde connu des anciens ; et aussi les connaissances géographiques des Européens jusqu'au milieu du quinzième siècle ; mais elle offre principalement le tableau des antiques migrations des peuples, de beaucoup antérieures aux grandes invasions des Barbares dans les cinquième et sixième siècles, mais de beaucoup aussi postérieures à la première dispersion des enfants de Noé. Elle ne renferme aucun détail ; d'abord pour plus de clarté dans son objet spécial, et ensuite parce que, devant décrire successivement, dans les autres cartes de cette série, les principales contrées de la géographie ancienne, nous avons voulu, pour ne pas grossir ce volume, éviter de trop fréquentes répétitions.

On y voit que la partie la plus méridionale de

1

l'Afrique et la partie nord-est de l'Asie étaient ignorées, ou du moins peu connues des anciens, et vraisemblablement aussi, la portion la plus septentrionale de l'Europe sur laquelle ils ne possédaient que de bien vagues notions.

Quelle que soit l'opinion qu'on adopte sur l'origine du genre humain, qu'on veuille admettre avec quelques critiques modernes, plusieurs berceaux différents des hommes, ou qu'on rapporte avec nos livres saints, les diverses nations de la terre à la création unique d'un seul homme, il est égalememt impossible de méconnaître aujourd'hui et de ne pas suivre, en remontant les siècles jusqu'à des époques très-reculées, l'existence de *trois races*, ou de trois variétés bien distinctes, dans l'espèce humaine, et qu'on désigne sous les noms de *race caucasienne* ou *blanche*, *race mongole* ou *jaune*, et *race éthiopienne* ou *noire*.

Dans la dernière hypothèse, celle qui fait remonter tous les hommes à un seul homme, il ne faudrait voir dans ces trois races si bien distinguées entre elles par leurs caractères généraux, que le résultat lent il est vrai, mais inévitable, de la double et puissante influence des climats et des mœurs. Sous ce point de vue, les trois grandes divisions de l'espèce humaine nous paraissent être une imposante confirmation du texte sacré de Moïse, dans ce qu'il affirme touchant les trois fils de Noé et leurs premiers descendants. Nous appuyant sur l'autorité d'un grand nombre de savants, et entre autres sur celle de Blumembach, de Lynck, de Cuvier, tous cités dans *l'Histoire Ancienne* de Schlosser, nous allons rapidement esquisser les plus anciennes migrations *présu-mées* de chacune de ces trois races ; nous disons *présumées*, car malgré tous les efforts des savants, on ne peut, sur ces difficiles matières, que présen-ter des hypothèses plus ou moins probables , mais qui cependant sont utiles pour classer , au moins d'une manière générale, les principales nations connues des anciens.

RACE CAUCASIENNE OU BLANCHE.

Cette race, la mieux organisée, se distingue surtout par la beauté de l'ovale de sa tête , ses grands yeux fendus en ligne horizontale, ses lè-vres minces et petites, et le peu de saillie du men-ton et des pommettes. Répandue dans toute l'Europe, le nord de l'Afrique et les contrées oc-cidentales de l'Asie, c'est elle qui a porté au plus haut degré de perfection les arts, les sciences et la littérature. Son foyer primitif semble devoir être placé aux environs du Caucase, entre le Pont-Euxin (Mer-Noire) et la mer Caspienne; et vers les sources du Tigre et de l'Euphrate. On peut la di-viser en six familles principales , savoir :

1° Famille Celtique.
2° Famille Achaïco-Pélasgique.
3° Famille Araméo-Caucasienne.
4° Famille Indo-Persique.
5° Famille Scythique.
6° Famille Arménienne.

I. *Famille Celtique Caucasienne.*

Partis des gorges du Caucase, les peuples de cette famille se sont avancés vers le nord-ouest à

travers l'Europe, en suivant les bords de la mer
Noire ou Pont-Euxin, la grande vallée du Danube, pour se fixer dans l'Occident de cette partie du monde, sous les noms généraux de *Gau-
lois-Cisalpins*, au pied méridional des Alpes ; de
Gaulois ou *Celtes* proprement dits, entre le
Rhin et les Pyrénées ; d'*Ibériens* dans la péninsule Hispanique ; et de *Bretons* dans la partie de
l'ancienne Bretagne, aujourd'hui appelée Angleterre. Ces peuples, dont l'histoire est très-peu
connue, offrirent aux armes romaines une résistance longue et opiniâtre. On croit en reconnaî-
tre aujourd'hui quelques débris sans trop de mé-
langes, dans les intéressantes populations du pays
de Galles en Angleterre, et de la Basse-Bretagne
en France.

II. *Famille Achaïco-Pélasgique.*

Ces peuples, se dirigeant à l'ouest, semblent
avoir formé, sous le nom de Grecs, la population primitive de l'Asie-Mineure, de la Thrace,
de la presqu'île Hellénique et de l'Italie méridionale. Dans ces diverses contrées, ils surent se
distinguer dans toutes les branches de la civilisa
tion, et leur histoire, bien mieux connue que
celle des peuples celtiques, forme l'une des parties les plus importantes et les plus curieuses de
l'histoire ancienne. Ces nations brillèrent surtout
du treizième au dixième siècle, et du sixième au
quatrième siècle avant Jésus-Christ. Dans la première de ces périodes, par les guerres héroïques
que chanta Homère, et dans la seconde, par la
glorieuse résistance des Grecs contre les Perses,

dont l'empire puissant, détruit par Alexandre, fut remplacé par la vaste et éphémère monarchie macédonienne.

III. *Famille Araméo-Caucasienne.*

Cette famille, l'une des plus considérables de la race blanche, s'est avancée dans la direction du sud-ouest. Ces différentes branches ont anciennement occupé, sous le nom d'*Assyriens* et de *Babyloniens*, les plaines qu'arrosent le Tigre et l'Euphrate ; sous celui de *Syriens*, de *Phéniciens* et d'*Hébreux*, le bord oriental de la Méditerranée et les rives sacrées du Jourdain. D'autres se sont fixées dans la vaste presqu'île Arabique ce sont les *Arabes ;* d'autres encore, traversant au sud-ouest de cette presqu'île, le détroit de Bab-el-Man deb, ont fourni, par leur mélange avec la race Éthiopienne, les peuples de la mystérieuse vallée du Nil, les *Nubiens* modernes et les *Égyptiens* d'autrefois ; plus à l'ouest, dans les sables du désert, les *Lybiens*; et plus loin encore, dans la même direction, et en suivant les chaînes de l'Atlas, les *Numides*, les *Mauritaniens*, et vraisemblablement aussi les anciens *Guanches* dont les momies trouvées dans les îles Fortunées, aujourd'hui les Canaries, présentent de si nombreux rapports avec les momies d'Égypte. Encore sur les bords africains de la Méditerranée, on trouve, presque en face de la péninsule Italique, les *Carthaginois,* qui tiraient leur origine des Phéniciens, (*au delà des mers*). Malgré bien des lacunes, et souvent beaucoup d'obscurité, l'histoire de ces peuples présente un immense intérêt : les gran-

1.

des dominations des Arabes, des Assyriens, des Babyloniens; les annales des plus antiques Egyptiens, dont les monuments nombreux encore commandent notre admiration; les progrès rapides des Phéniciens dans la navigation; les luttes terribles de Carthage contre Rome, et surtout les miraculeuses destinées du peuple Hébreu, tels sont les grands objets d'étude et de méditation que nous offre l'histoire de cette remarquable famille de la terre.

IV. *Famille Indo-Persique.*

Cette immense famille, qui s'est étendue à la fois en Asie et en Europe, semble d'abord avoir cherché les contrées à l'est du Caucase; elle aurait suivi les montagnes de la Perse et de la Médie et les *monts Paropamisus*, jusque sur les hautes chaînes de l'Himalaya (vraisemblablement l'Imaüs des anciens), pour s'arrêter dans cette direction sur le plateau du Thibet. C'est à cette première branche de cette famille qu'on doit rapporter, en allant de l'ouest à l'est, les *Perses* et les *Mèdes* entre la mer Caspienne et le golfe Persique, et les *Indiens en deçà de l'Indus*; plus au nord les Bactriens, sur les rives de l'Amou-Daria, autrefois l'Oxus; plus loin les *Indiens au delà de l'Indus* et ceux du Thibet; et enfin au sud de ceux-ci les *Indiens de la presqu'île antérieure*, probablement mêlés à la race éthiopienne. Une seconde branche de la famille Indo-Persique doit s'être dirigée vers le nord-ouest, à travers l'Asie centrale et le nord de l'Europe, pour donner naissance, dans la Scandinavie, aux *peuples Gothi-*

ques et aux *Germains*, entre le Rhin, la Vistule
et le Danube : peut-être le mélange de cette famille avec la famille Scythique a-t-il produit la
nation nombreuse des *Slaves* ou *Sarmates*.

On sait quelle grande place occupent, dans l'histoire ancienne , les Mèdes et les Perses. Les premiers contribuèrent à la chute de la première monarchie assyrienne, qu'ils remplacèrent un instant
dans la domination de l'Asie occidentale ; les se-
conds, héritiers ou destructeurs de la monarchie
des Mèdes, fondèrent, sous Cyrus, le grand empire des Perses, qui succomba à son tour dans sa
lutte avec la Grèce, et, après environ deux siècles d'existence, fut renversé par Alexandre. L'histoire des Bactriens et des Indiens est moins connue, et celle des peuples Gothiques et Germains
bien moins encore ; mais ces derniers devaient
plus tard faire tomber devant eux le vieil empire
romain.

V. *Famille Scythique.*

Cette famille est l'une des moins connues, quoi-
qu'elle soit fréquemment mentionnée dans l'*Histoire Ancienne*, sous le nom trop général de
Scythes. Elle s'étendit dans les plaines centrales
de l'Asie et dans les régions occidentales de l'Europe. Les *Massagètes*, l'une de ses principales
branches, se fixèrent pour longtemps dans les
basses plaines situées entre la mer Caspienne et
le lac d'Aral , le *Palus Oxiana* d'autrefois. On
croit qu'il faut rapporter à cette famille, les nations Turques ou Hioung-nou, et peut-être aussi
les Huns ou nations Finnoises formées du mélange

des Scythes avec les Sarmates. On sait dans le cinquième siècle de l'ère chrétienne, les expéditions dévastatrices d'Attila, le fléau de Dieu, mais on connaît peu le puissant empire des Turks ou Thou-khiu, fondé dans le siècle suivant, vers les régions de l'Altaï, dans l'Asie centrale.

VI. *Famille des Parthes et des Arméniens.*

Ces peuples s'écartèrent peu du berceau de la race Caucasienne : les Arméniens même y demeurèrent fixés. Leur histoire ne forme qu'un épisode dans l'histoire ancienne. Les Parthes, connus beaucoup plus tard, s'arrêtèrent au sud de la mer Caspienne, et devinrent redoutables aux Romains. Ils brillèrent du troisième siècle avant Jésus-Christ, jusqu'au troisième siècle de l'ère chrétienne.

Nous ajouterons, pour compléter ces notions sur les familles de la race Caucasienne, que c'est à elles, qu'entre toutes les autres céréales, le *froment* paraît être particulièrement propre. Elles semblent avoir joui aussi d'une manière plus immédiate de la *vigne*, au pied du Caucase ; du *figuier*, du *pommier*, du *froment*, dans l'Asie-Mineure; de l'*olivier*, à l'est du Tigre ; encore du *froment* et du *citronnier*, dans le bassin de l'Erymanthe, aujourd'hui l'Helmend ; du *riz* en commun avec la race mongole, dans la presqu'île de l'Inde ; et de la *fève*, dans la fertile vallée du Nil.

Parmi les animaux, nous citerons le *dromadaire* et le *chameau*, dans la presqu'île Arabique; le *bœuf* le long du Nil et entre l'Indus et le

Gange; le *mouton* et la *chèvre* dans le plateau élevé de l'Asie centrale; et le *cheval* dans les plaines qui s'étendent entre l'Oxus et le Jaxarte (Syr-Daria), et au milieu desquelles on le trouve encore aujourd'hui paissant en liberté.

Enfin les villes les plus fameuses fondées le plus anciennement par les nations de cette race privilégiée, furent *Thèbes* et *Memphis* dans l'antique Égypte; *Ninive* sur le Tigre, et *Babylone* sur l'Euphrate; *Jérusalem*, la ville sainte, sur le Jourdain; *Tyr* sur la Méditerranée et regardant sa florissante colonie *Carthage* en Afrique; *Troie* dans l'Asie-Mineure, qui paraît s'avancer vers la Grèce, où nous trouvons dès les temps héroïques, *Sparte* et *Athènes* qui semble vouloir renaître aujourd'hui; enfin, non loin de la rive méridionale de l'Oxus, *Bactres*, aujourd'hui Balkh, dont la conquête fut la plus fameuse expédition de Ninus et de Sémiramis.

La fondation de toutes ces puissantes cités, maintenant la plupart dans la poussière, remontait à une très-haute antiquité, ce qui explique pourquoi nous ne parlons point ici, d'autres villes aussi célèbres, mais d'une origine bien moins ancienne, telle que *Rome*, par exemple, qui devait voir passer sous sa domination toutes les plus belles contrées du monde.

RACE MONGOLE OU JAUNE.

Elle se reconnaît au visage plat, aux pommettes saillantes, aux yeux obliquement fendus et à son teint olivâtre. Cette race, dont les ramifications semblent s'être beaucoup moins étendues que celles de la race Caucasienne, paraît avoir surtout fixé son foyer vers les chaînes du mont Khing Khan, au nord-est du Thibet et sur les bords du Houang-Ho, ou fleuve Jaune. Outre les *Mongols* ou *Tatars*, elle a formé les *Chinois* établis dans les vastes plaines du Houang-Ho et du Yang-Tsu-Khiang ; les *Coréens*, et plus au nord-est encore les *nations Japonaises*. Par son mélange avec la race Scythique, elle a pu donner naissance aux *Mongols nomades* ou *Kalmouks*, à l'ouest, et dans le bassin du fleuve Tarim. Au sud, et mêlée avec la race Ethiopienne, peut-être a-t-elle produit les *Indiens au delà du Gange*.

L'histoire ancienne des familles appartenant à cette race est très-peu connue, malgré les savantes recherches des orientalistes de nos jours. On ne peut douter cependant que l'empire chinois et même l'empire japonais ne remontent à une antiquité très-reculée. Dans le moyen-âge, seulement, et sous Djenguys-khan et Tamerlan, les Mongols occupent une grande place dans l'histoire de l'Asie.

Le *seigle* et le *blé sarrasin* sont les céréales propres aux familles de cette race.

RACE ÉTHIOPIENNE OU NOIRE.

Le front déprimé, les cheveux crépus et laineux, le nez fortement épaté, les lèvres saillantes et très-grosses, les mâchoires allongées et le teint noir, sont les caractères distinctifs de cette race. Placée vers les sources orientales du Nil et sur le haut plateau des monts Al-Kamar et Amba-Geshen, elle paraît avoir donné naissance à toutes les nations noires du continent africain, tous peuples dont l'histoire est à peu près inconnue, si ce n'est quelques parties détachées de celle des *Éthiopiens*. On suppose encore qu'une branche se dirigeant à l'est, a pu parvenir, en traversant les détroits de Bab-el-Mandeb et d'Ormus, jusqu'au delà de l'Indus, pour se mêler, d'un côté, à la famille Indo-Persique Caucasienne, et d'un autre côté à la race Mongole, et pour former aussi plus au sud-est les *peuples Malais*.

La plus ancienne ville fondée par cette race était *Méroé* située au confluent des deux principales branches du Nil. Le *dourrha* et le *millet* semblent lui être propres.

Nous n'avons point donné place dans cette carte, aux peuples Américains, parce qu'ils ont été connus fort tard des Européens, et à une époque postérieure au moins de deux mille ans à celle qui nous occupait. Cependant, afin de laisser moins incomplet ce rapide aperçu sur les diverses familles de la terre, nous ajouterons : 1° que selon l'opinion commune, les peuples de la partie centrale et méridionale de l'Amérique, les *Aztèques* ou *Mexicains* au nord de l'Isthme, et les *Péruviens* au sud, tirent vraisemblablement leur origine des *Guanches* ou *anciens Atlantes*, qui semblent être, comme nous l'avons dit, une antique colonie égyptienne ; et cette opinion se fonde principalement sur les traditions de ces peuples et sur les nombreux rapports de leur architecture, de leur sculpture, et de leurs caractères hiéroglyphiques avec l'architecture, la sculpture et les caractères hiéroglyphiques égyptiens ; 2° que la partie la plus septentrionale de l'Amérique du nord paraît avoir reçu des habitants de la race Hunnique ou Finnoise, selon quelques auteurs, mais cette dernière opinion paraît moins vraisemblable que la première, qui a pour elle l'autorité de plusieurs savants, entr'autres celle de M. Jomard, de l'Institut.

ANCIENS EMPIRES

JUSQU'A ALEXANDRE.

La carte que nous allons maintenant décrire présente le théâtre des événements historiques depuis la fondation des plus anciens empires jusqu'au commencement du quatrième siècle, avant Jésus-Christ.

Elle s'étend de l'est à l'ouest, depuis les rives de l'Indus à celles de l'Hyphasis (Setledje), son principal affluent, jusqu'à la source de l'Axius (Vardar), qui traverse la Macédoine; et du sud au nord, depuis les sources du Nil et la mer Erythrée (golfe d'Oman) jusqu'aux monts Hœmus (Balkan), au mont Caucase, et au Jaxarte (Syr-Daria). Ainsi elle comprend toute l'Asie occidentale, une très-faible portion de l'Europe, et la partie nord-est de l'Afrique.

Avant tout, il faut porter son attention sur les pays arrosés par l'*Euphrate* et le *Tigre*, qui coulent tous deux vers le sud-est, et se réunissent pour se décharger ensemble dans le golfe Persique. C'est dans ces contrées que l'Ecriture-Sainte place le berceau des premiers hommes, le *Paradis terrestre;* soit, selon les uns, aux sources de ces deux fleuves, soit, selon d'autres, plus bas et vers l'emplacement où plus tard fut bâtie Babylone.

Immédiatement après le déluge, les premiers descendants de Noé habitaient aussi les plaines de la *Mésopotamie* (pays entre les fleuves), non loin du *mont Ararat*, où l'arche sainte s'était

2

arrêtée. Bientôt ils furent obligés de se disperser,
après leur vaine tentative pour élever jusqu'au
ciel une tour de salut, ou plutôt de confusion;
et peu de temps après, peut-être dans le trentième
siècle avant Jésus-Christ, Nembrod fondait *Babylone* (Bab-bal, cour du seigneur), au bord
de l'Euphrate, et sur les premiers fondements
mêmes de la tour de Babel; tandis que dans le
même temps Assur bâtissait *Ninive* (Nave-nin,
demeure de Nin) sur le Tigre. Ces deux villes
devinrent le siége de deux royaumes puissants, et
longtemps indépendants l'un de l'autre. Environ
8 siècles après, Babylone avec son territoire, fut
conquise par les pasteurs arabes et phéniciens,
maîtres aussi de la Basse et de la Moyenne Egypte.
Mais Ninive sut leur résister, et plus tard Bélus,
un de ses rois, chassa les Arabes de la Babylonie,
et réunit au royaume de Ninive Babylone et son
territoire. Ainsi fut fondée, environ 2,000 ans
avant Jésus-Christ, LA PREMIÈRE MONARCHIE ASSY-
RIENNE, encore agrandie par Ninus, qui s'empara de *Bactres*, capitale de la Bactriane, et
l'une des plus grandes et des plus riches villes de
l'Asie; et par sa femme, la fameuse Sémiramis,
qui fit la conquête de l'Egypte, recula les bornes
de l'empire jusqu'à l'Inde, et lui donna pour
limites, à l'est, le fleuve Indus ou Hinamam; au
sud, les sables de l'Arabie; à l'ouest, la mer Intérieure ou Méditerranée; au nord, le fleuve Oxus,
qui vient de la Sogdiane. Cet empire des premiers
Assyriens dura environ 1,300 ans, et finit à Sardanapale, qui se vit renverser du trône par les
Babyloniens et les Mèdes, dans le temps même

où Romulus jetait les fondements de Rome. La plus grande étendue de cette première monarchie Assyrienne est représentée sur notre carte par toutes les contrées coloriées, moins la Macédoine.

Du démembrement de cette antique monarchie (759), se formèrent trois grands royaumes : celui des *Mèdes*, qui eut pour chef Arbacès; celui de *Babylone*, sous Bélésis; et celui de *Ninive*, sous Phul ou Sardanapale II.

Bientôt Babylone passa de nouveau sous la domination de Ninive, jusqu'à ce que Nabopolassar, gouverneur de Babylone pour Sarac, roi de Ninive, s'étant révolté contre ce dernier, affranchit pour toujours Babylone du joug de sa rivale, et forma, en réunissant ces deux villes sous un même sceptre, la DEUXIÈME MONARCHIE ASSYRIENNE, qui eut son siége à Babylone.

Avant l'établissement de ce second empire d'Assyrie, appelé plus communément empire Babylonien, les rois de Ninive avaient soumis à leur puissance les royaumes d'*Israël* et de *Juda*, formés du démembrement de la MONARCHIE ISRAÉLITE, fondée par David dans le onzième siècle, et agrandie par Salomon, son fils. Elle s'étendait de la mer Rouge aux sources de l'Oronte et à l'Euphrate, et de la Mésopotamie à la mer Méditerranée : son étendue est marquée par un filet orange sur notre carte.

Le royaume de Babylone acquit, sous Nabuchodonosor le Grand, au commencement du septième siècle, avant l'ère chrétienne, toute la grandeur qu'il devait atteindre, et que nous avons marquée dans la carte par une teinte orange, puis il fut renversé, par Cyrus, l'an 538.

L'EMPIRE DES MÈDES, fondé par Déjocès, devint puissant après lui; et, sous Cyaxare I, il atteignit sa plus grande étendue : nous l'avons marquée par une teinte verte.

L'EMPIRE DES PERSES, fondé par Cyrus, l'an 538, remplaça l'empire des Mèdes, qui avait duré un peu plus de deux siècles. Il s'étendit aussi loin que celui des premiers Assyriens, et comprit sous sa domination toute l'Asie-Mineure, après que Cyrus eut vaincu Crésus, roi de Lydie, qui venait d'y fonder la PUISSANTE MONARCHIE LYDIENNE, représentée sur notre carte par une teinte jaune.

Après Cyrus, Cambyse, son fils, fit la conquête de l'Egypte; et après lui encore, Darius I s'avança dans l'Inde, et fit faire, par ses lieutenants, la conquête de la Thrace. Les limites les plus reculées de l'empire des Perses sont marquées dans notre carte par toutes les contrées coloriées.

Deux siècles après environ, la vaste, mais éphémère MONARCHIE MACÉDONIENNE, fondée par Alexandre, l'an 330, après la bataille d'Arbelles, remplaçait, dans l'Asie occidentale, le grand empire des Perses; et Alexandre dominait de l'Indus au Danube, de la mer Erythrée (golfe d'Oman), à la mer Caspienne et au Pont-Euxin (mer Noire). L'étendue de son empire est indiquée dans la carte par toutes les provinces entourées d'un filet rouge.

Telles furent, jusqu'au commencement du

quatrième siècle, les grandes vicissitudes des peuples qui habitaient les contrées marquées dans
notre carte ; contrées que nous allons rapidement
parcourir, en ne nous arrêtant que très-peu sur
celles de l'Asie-Mineure, sur la Syrie et sur l'E-
gypte, dont nous étudierons plus tard la carte spé-
ciale, et dont nous esquisserons aussi en peu de
mots l'histoire. Nous allons suivre dans notre description, autant qu'il sera en notre pouvoir, l'ordre chronologique, en commençant par les pays
qu'embrassait la première monarchie assyrienne.

L'Assyrie, à l'est du Tygre ; on l'appelait aussi
l'Adiabène : c'est aujourd'hui le Kurdistan oriental. C'était un pays de pâturages. On y trouvait
Ninive, capitale ; et à peu de distance, au sud-
est, *Gaugamèle* et *Arbelles*, où fut renversée,
par Alexandre, la grande monarchie des Perses.
On y trouvait au sud le *mont Zagros*.

La Mésopotamie, entre le Tigre, à l'est, et
l'Euphrate à l'ouest ; c'est la partie occidentale
du Kurdistan actuel. On y trouvait *Amida*, sur
le Tigre ; *Ur* ou *Edesse*, patrie d'Abraham ;
Charres, *Nisibe*, célèbre dans l'histoire romaine.
et *Circésium*, où Néchao, roi d'Egypte, fut
battu par Nabuchodonosor le Grand, en 605.
Cette contrée, arrosée par les deux branches du
Mygdonius (aujourd'hui le Sindjar et le Kha-
bour), était séparée de la Babylonie, par les
murs de Sémiramis.

La Chaldée ou Babylonie. Cette contrée,
maintenant l'Irak-araby, était arrosée par l'Euphrate et le Tigre, et se trouvait au sud-est de
l'Assyrie et de la Mésopotamie, s'étendant jus-

2.

qu'au golfe Persique. On y voyait, sur la rive gauche de l'Euphrate, le canal et le lac *Palla-copas*, creusés par Sémiramis, et réparés par Alexandre plus de 1600 ans après. C'est en détournant les eaux de l'Euphrate dans ce lac, que Cyrus s'empara de Babylone, en y pénétrant par le lit desséché du fleuve, en 538. — Outre *Ba-bylone*, qui en était la capitale, on trouvait encore dans la Babylonie, et en allant du nord au sud, *Cunaxa*, sur l'Euphrate, où le jeune Cyrus fut battu par son frère Artaxercès, malgré les dix mille Grecs qui combattaient pour lui, et qui firent une si belle retraite, sous la conduite de Xénophon, l'an 400 avant Jésus-Christ; *Ctési-phon*, sur la rive gauche du Tigre; et en face, sur la rive droite, *Séleucie*. La première bâtie par les rois Parthes, au détriment de la seconde, qui devait sa fondation à Séleucus Nicator.

La Susiane, pays fertile, situé à l'est de la Babylonie, et au nord du golfe Persique. Elle était arrosée du nord au sud par le *Gyndès* (Kérah), affluent du Tigre, et par le fleuve *Eulée* (Abzal), qui se décharge dans le golfe Persique. *Suse*, probablement bâtie sur le Gyndès, en était la capitale, et fut longtemps le séjour d'hiver des anciens rois de Perse. Les *Cosséens*, au nord; et les *Uxiens*, au sud, habitaient les frontières orientales de la Susiane. Elle forme aujourd'hui le Khouzistan.

La Médie, vaste contrée qui s'étendait au nord-est de l'Arménie, de l'Assyrie, de la Susiane et de la Perse. Elle était bornée, au nord, par le Cyrus (le Kour), et traversée par l'*Araxe* (Aras), son affluent, et par l'*Amardus* (Kizil - Ozen) ; l'*Eulée* y prenait sa source.

Les *monts Caspiens* et les *monts Coronus* (le Damavend), s'élevaient dans sa partie septentrionale. C'est dans ces montagnes que se trouvait le fameux défilé, appelé *Caspiæ-Pilæ*, portes caspiennes, et qui conduisait dans le pays des Tapyres. Vers sa partie nord-ouest, on trouvait le *lac Spauta* (lac d'Ourmiah). Ses villes étaient : *Ecbatane*, capitale, bâtie par Déjocès, dans le huitième siècle; elle avait sept enceintes, dont la dernière était le palais des rois ; *Rhagæ* ou *Ragès; Aspadana* (peut-être l'Ispahan de nos jours); et tout à fait vers le sud-est, *Ecbatane des Mages;* au nord-est, s'étendait le *désert de la Médie.* Cette contrée forme aujourd'hui une grande partie du royaume de Perse actuel.

La Perse. Ce pays s'étendait au sud de la Médie et à l'est de la Susiane jusqu'au golfe Persique. Les *monts Parachatras* (Elvend), la parcourent au nord-ouest, et elle est arrosée par l'*Araxe persique* (le Bend - Emir); et par le *Silacus,* qui coule dans le golfe Persique. Ses villes étaient : *Persépolis*, sa capitale, dont on admire encore les débris : *Pasargade ,* sépulture des rois de Perse, sur le Silacus : et *Mésembria*, sur le golfe Persique.

La Parthie, à l'est de la Médie ; ses sauvages habitants devaient jouer un grand rôle après le démembrement de la monarchie macédonienne. Villes : *Hécatompylos,* capitale ; et, au sud est, *Nicæa.*

L'Arie, à l'est de la Parthie ; elle forme maintenant une partie du Hérat ; le *mont Paropamisus*, traversait sa partie septentrionale, et l'on trouvait au sud le *lac Arien* (lac Zerrah) ; ses principales villes étaient : *Aria*, sur le lac Arien ; *Choara* et *Artacoana*, au nord du Paropamisus ; c'était une plaine d'abondants pâturages.

La CARMANIE, séparée au nord de la Parthie, de l'Arie et de la Drangiane, par le *désert de Carmanie*, avait pour principales villes : *Carmana*, au nord des monts *Parsici ; et Harmosia* au sud, sur le golfe Persique.

La GÉDROSIE, à l'est de la Carmanie, était et est encore un vaste désert de sable que limitait au nord, vers la Drangiane, le *mont Bécius ;* elle était traversée par le *Nahrum* (le Doust) : *Puva*, dans les terres ; et *Tisa* et *Pasira*, sur les côtes, étaient à peu près les seuls lieux habités. Des peuples *ichthyophages*, ou mangeurs de poissons, habitaient ce pays le long de la mer ; et vers l'est on trouvait les *Horites*. C'est aujourd'hui le Béloutchistan.

La DRANGIANE, au nord de la Gédrosie et de la Carmanie ; traversée par le *fleuve Erymanthe*, aujourd'hui l'Helmend, cette contrée avait pour principale ville *Agriaspe*, sur l'Erymanthe : elle touchoit, vers le nord-ouest, au *lac Arien*.

L'ARACHOSIE, pays fertile et bien arrosé par l'*Erymanthe* et ses affluents principaux. Villes : *Arachotus*, sur les frontières de l'Inde ; et *Prophthasia*,, sur l'Erymanthe.

La PAROPAMISE, au nord de l'Arachosie et vers les *monts Paropamisus*, avait pour principale ville *Phra*,. sur le *Pharnacotis*, petit fleuve qui coule dans le lac Arien, et se nomme maintenant le Lund-Mend. Cette province, et les deux précédentes, correspondent au royaume actuel de Caboul.

LA BACTRIANE, au nord des monts Paropamisus, était l'un des pays les plus riches et les plus commerçants de l'Asie. Il était borné au nord par l'*Oxus*, et, par l'*Icarus*, l'un de ses affluents. Villes : *Bactres*, aujourd'hui Balkh, capitale ; et *Alexandria*. On trouvait, au sud de cette contrée fameuse, les *Astacéniens*.

LA SOGDIANE, qui s'étendait de l'*Oxus* au *Jaxarte* (Syr-Daria), était traversée par les *monts Sogdiens*, et arrosée par l'*Oxus*. Villes : *Maracanda*, capitale ; *Alexandriæschata* et *Cyropolis*. C'est à Alexandriæschata que se voyaient les *autels* de Bacchus, d'Hercule, de Sémiramis, de Cyrus et d'Alexandre. On croit que Maracanda est aujourd'hui Samarkande.

LA MARGIANE, arrosée par l'*Oxus*, le *Margus* et l'*Arius*, était un pays désert, à l'ouest de la Bactriane. Ville : *Antiochia*.

Les DAHES étaient au nord de la Margiane ; et plus loin, au delà de l'Oxus, on trouvait les *Chorasmiens*, dont la ville principale était *Chorasmie*, sur l'Oxus.

L'HYRCANIE était un peu au sud et sur les bords de la mer Caspienne : c'était un pays montagneux et sauvage. Ce dernier pays, la Dahie, la Chorasmie, la Margiane, la Sogdiane et la Bactriane, occupaient les plaines du Turkestan actuel.

Encore, sur les bords de la mer Caspienne,

on doit citer, en allant vers l'ouest, les TAPYRES, les MARDES et les CADUSIENS.

Au nord de ces derniers peuples, et au delà du fleuve Cyrus (le Kour), on trouvait l'ALBANIE, qui occupait le Caucase oriental; et à l'ouest de l'Albanie, l'IBÉRIE; et, plus à l'ouest encore, la COLCHIDE, arrosée par le *Phasis*, et qui avait pour villes: *Phasis*, sur le fleuve de ce nom, et *Athènes*.

Plus au sud, vers le *mont Ararat*, et aux sources du *Cyrus*, de l'*Araxe* et de l'*Euphrate*, on trouvait l'ARMÉNIE, grand pays de montagnes, qui avait pour villes: *Artaxata*, *Tigranocerta* et *Arsissa*, sur le *grand lac* de ce nom. Au nord-ouest s'élevait le *mont Paryadres*, qui va se rattacher au Caucase et au mont Ararat.

C'est à l'ouest de la Colchide, de l'Arménie et de la Syrie, que s'étend la grande presqu'île de l'ASIE MINEURE, dont nous ne donnerons ici qu'une description générale.

Les pricipaux fleuves de cette contrée, traversée sinueusement par les chaînes du *mont Taurus*, sont:

Le *Lycus*, l'*Halys* (Kizil-Irmak) et le *Sangarius*, qui coulent dans le Pont-Euxin:

Le *Granique*, qui se jette dans la Propontide.

L'*Hermus* et le *Méandre*, qui se rendent dans la *mer Egée*;

L'*Eurymédon*, le *Cydnus* et le *Sarus*, qui coulent, au sud, dans la mer Intérieure.

Les pays étaient:

1° *Trois* à l'ouest. La CARIE, villes: *Milet* et

Halicarnasse; la LYDIE, villes : *Sardes, Thym-brée, Thyatire, Phocée, Smyrne, Ephèse* et *Magnésie;* la MYSIE, villes : *Pergame,* et en face *Mitylène,* dans l'île de ce nom ;

2° *Quatre* au nord. La PETITE PHRYGIE, villes : *Troie,* près du *mont Ida; Abydos, Cyzique, Gordium* et *Ancyre;* la BITHYNIE, villes : *Nicée* et *Nicomédie ;* la PAPHLAGONIE, ville : *Sinope;* le PONT, villes : *Amisus, Trapezus;*

3° *Quatre* au milieu. La CAPPADOCE, capitale, *Amasie;* la GRANDE PHRYGIE, ville : *Gangra;* La PISIDIE, ville : *Iconium;* et la LYCAONIE;

4° *Trois* au sud. La LYCIE, villes : *Patara* et *Phaselis;* la PAMPHYLIE et la CILICIE, villes : *Sélinunte, Soli, Anchiale, Tarse,* capitale, et *Adana.*

Au sud de la Cilicie, dans la mer Intérieure, nous pouvons citer l'*île de* CYPRE, villes : *Sala-mine* et *Paphos.*

Entre l'Euphrate, à l'est ; la Cilicie et la mer Intérieure, à l'ouest, s'étend la SYRIE, dont le plus grand fleuve est l'*Oronte,* et les principales villes : *Tyr, Sidon, Damas, Palmyre, Thap-saque, Hiérapolis, Issus, Antioche, Chalcis, Hamath, Emèse, Héliopolis, Béryte, Byblos, Tripoli, Arce, Marathus* et *Aradus.*

La PALESTINE se trouvait au sud-ouest de la Syrie, et était arrosée par le *Jourdain,* qui coule dans le *lac Asphaltite,* villes : *Jérusalem, Samarie, Joppé* et *Gaza.*

Au sud de tous ces pays, qui forment aujour-d'hui la Turquie d'Asie, et entre le golfe Persi que et la mer Rouge, on trouve la vaste pé ninsule d'ARABIE, subdivisée en ARABIE PÉTRÉE, au nord-ouest, villes : *Petra* et *Ælana ;* montagne : le *mont Sinaï ;* en ARABIE DÉSERTE, vers le golfe Persique, villes : *Histriona*, *Gerra*, *Cryptus* et *Omanum ;* et en ARABIE HEUREUSE, au sud-ouest, villes : *Hippos*, *Magusa*, *Phœnicon*, *Jatrippa* (Médine), *Iambia*, *Arga*, *Maccoraba*, *Mamala*, *Saba*, *Ophir*, *Canc*, *Méthath*, et *Asichon*, dans le *pays de l'Encens.* On voyait errer, dans les sables de cette presqu'île, les SCÉNITES, vers la Chaldée ; les NABATHÉENS, vers la Syrie ; les AGARRACINS et les CASSAMITES au centre ; les SABÉENS et les HOMÉRITES, le long de la mer Rouge ; et les SACHALITES, au sud-est.

Avant de décrire l'Egypte et l'Ethiopie, seules parties du continent africain qui se trouvent marquées dans notre carte, nous allons rapidement esquisser la géographie de l'Inde, en deçà de l'Indus, parce qu'elle se lie à l'histoire des anciens Assyriens, des Perses et des Macédoniens.

L'INDE, en deçà de l'Indus, était bornée à l'ouest par la Gédrosie, la Drangiane, l'Arachosie, la Paropamise et la Bactriane ; et elle s'étendait des *monts Emodes* (branche de l'Himalaya) jusqu'à la mer Erythrée, vers l'embouchure de l'*Indus*, dont les principaux affluents étaient l'*Euaspla* grossi du *Gurée*, à droite ; et à gauche l'*Hyphasis* (Setledje), et son affluent propre, l'*Hydaspe*, grossi de l'*Acesines* et de l'*Hydraotes.*

En deçà de l'Indus on trouvait :

Massaga, *Nysa*, *Aornos*, *Sindamana*, toutes prises par Alexandre, et *Patala* (Tatta), qu'il embellit. Cette dernière se trouve à l'endroit où l'Indus se partage en deux principales branches. Sur le bord de la mer, *Xylenopolis*, et le *port d'Alexandre*.

Les ARABITES habitaient, à l'ouest, près des Horites de la Gédrosie.

Au delà de l'Indus, et entre ce fleuve et l'Hydaspe, était situé le ROYAUME DE TAXILE, dont les principales villes étaient *Taxila*, sur l'Indus ; *Caspyra*, *Nycæa* et *Bucéphale*, toutes trois sur l'Hydaspe.

Entre l'Hydaspe et l'Hyphasis, s'étendait le ROYAUME DE PORUS, envers qui Alexandre se montra si magnanime. Ville principale *Lahora* (Lahore). C'est un peu au delà de l'Hyphasis, qu'Alexandre le Grand bâtit *douze autels* en souvenir de ses victoires.

Au sud de ces deux royaumes habitaient les MALLIENS, les OXYDRAQUES et les SOGDES, dans le pays desquels Alexandre fonda, sur l'Indus, la ville d'*Alexandrie*,

Au nord des monts Emodes se trouvait le ROYAUME INDIEN D'ABYSSARE.

A l'ouest de l'Arabie Pétrée, et le long du *Nil*, s'étendait l'antique EGYPTE, depuis le tropique du Cancer au sud, jusqu'à la *mer Intérieure* (Méditerranée), au nord ; et des sables de la LIBYE à l'ouest, jusqu'à la mer Rouge à l'est. Villes principales : *Syène*, près de l'*île d'Elephantine*; *Thèbes*, capitale de la Haute-Egypte; *Tentyra*, *Chemnis*, *Memphis*, capitale de la

Basse-Egypte ; *Héliopolis, Péluse, Tanis, Nau-cratis, Saïs, Maréa*, et la fameuse *Alexandrie*, bâtie par Alexandre. Ces six dernières villes étaient situées dans le Delta formé par les bouches du Nil. Au sud, sur la mer Rouge, et sous le tropique du Cancer, *Bérénice;* et au nord , au fond du *golfe Héroopolite, Arsinoé :* c'étaient les deux principaux ports de l'Egypte. A l'ouest on trouvait , au milieu des sables, la *grande* et la *petite Oasis;* et plus à l'ouest, encore dans le désert de la LIBYE , le temple de *Jupiter Ammon.* Enfin au nord-ouest, près de la *Marmarique, Aristæum*, sur la mer Intérieure. Sur la rive gauche du Nil, et près de Memphis , on remarquait le *lac Mœris*, qui régularisait les inondations périodiques du fleuve.

L'ETHIOPIE s'étendait , au sud de l'Egypte, jusqu'aux sources du Nil , dont la plus orientale portait le nom d'*Astaboras.* On y trouvait, dans *l'île Méroé*, la fameuse *Méroé;* et le long du Nil , ou à peu de distance, *Tabieni , Napata, Nacis, Satachtha,* le *trésor de Cambyse,* et *Premnis;* le long de la mer Rouge , le port fameux de *Diascorus.*

Les BLEMMYES et les TROGLODYTES habitaient le long de la mer Rouge; et les MÉGABARES , à l'ouest du Nil.

Enfin , pour terminer la description de cette carte, nous ferons remarquer en Europe la MA-CÉDOINE , traversée par l'*Axius.* Villes : *Pella*, capitale; *Ægæ , Amphipolis* et *Philippe;* et à l'est la THRACE, que l'*Hèbre* séparait de la Macédoine. Villes : *Byzance* (Constantinople),

Cardie et *Sestos*, sur l'*Hellespont* (détroit des Dardanelles) , lequel communique avec la *Propontide* (mer de Marmara); et celle-ci avec le Pont-Euxin, par le *bosphore de Thrace* (canal de Constantinople). Dans la Thrace on trouvait les ODRYSES, et plus au nord les TRIBALLES; à l'ouest, les SCORDISQUES et les ILLYRIENS ; tous peuples vaincus par Philippe, et soumis par Alexandre. Au delà de l'*Ister* (Danube), on trouvait les GÈTES; et plus loin, au nord du Pont-Euxin, les SCYTHES D'EUROPE et les SARMATES.

Ajoutons que dans la TAURIDE (Crimée) , se voyait *Théodosie* et *Panticapée*, sur le *Bosphore Cimmérien* (détroit d'Énikale), par lequel on entre dans le *Palus-Mœotide* (mer d'Azof) ; presqu'en face de Panticapée , et de l'autre côté du détroit, se trouvait *Phanagorie*.

ÉGYPTE, SYRIE,
ASIE-MINEURE.

Les pays qu'embrasse cette carte ont joué, dans l'histoire ancienne, un rôle trop important pour que nous n'en donnions pas ici une description particulière. ils font aujourd'hui partie de l'empire ottoman ; mais l'Égypte et la Syrie sont, de fait, presque indépendantes.

Pour suivre le mieux possible l'ordre des temps, nous commencerons par l'Egypte, et puis nous décrirons successivement la Palestine, la Phénicie, la Syrie et l'Asie-Mineure.

GRÈCE.

Les plus anciens habitants de l'Egypte étaient pêcheurs et pasteurs nomades. Ils furent civilisés par les Ethiopiens, auxquels ils restèrent long-temps soumis, et furent gouvernés par des prê-tres du premier, du second et du troisième ordre : c'est ce qu'on nomma le gouvernement des dieux. C'est à cette période reculée que remonte probablement la fondation de *This*, de *Thèbes* et d'*Eléphantine*. On attribue l'origine de la seconde de ces villes au dieu Osiris ; c'était, sans doute, un prêtre de ce nom. Le premier roi d'Egypte fut Ménès, qui jeta les fonde-ments de *Memphis*. Ses successeurs bâtirent ensuite *Heracleopolis*, *Tanis* et d'autres villes encore, à mesure que le Delta, autrefois golfe profond de la Méditerranée , se convertissait en terre ferme (vers 2300 avant J.-C.). Quelques siècles après , les pasteurs arabes et phéniciens , les mêmes qui avaient fait la conquête de la Babylonie, s'emparèrent de la basse et de la moyenne Égypte , et s'y maintinrent pendant environ 260 ans, après lesquels le roi Thoutmosis les chassa de l'ancienne *Avaris*, appelée plus tard *Péluse*, et qui est située à l'embouchure de la *branche pélusiaque du Nil.* Un peu plus tard, les Pharaons, ou rois d'Egypte , firent construire aux Hébreux les villes de *Rhamsès* et de *Pithom*, aussi dans la Basse-Egypte ou Delta, et à l'ouest de la fertile TERRE DE GESSEN, donnée à la famille de Jacob, peut-être par le Pharaon Thoutmosis. Dans le milieu du dix-septième siècle , le fameux Sésostris, contemporain de Moïse et de Cécrops, subjugua les Arabes , les Ethiopiens et les Libyens ; traversa l'Asie jusqu'au Gange , puis la Scythie, la Thrace, l'Asie-Mineure, la Colchide, l'Arménie et la Syrie, où des monuments attestaient partout ses exploits : on peut suivre cette fameuse expédition dans la carte précédente. Plus tard encore, sous le règne de Roboam, fils de Salomon, le Pharaon Sesac ou Sésonchis envahit le royaume de Juda et s'empara de Jérusalem. Vers le milieu du septième siècle, douze seigneurs gouvernaient en commun l'Egypte, et ils bâtirent ensemble le *fameux labyrinthe* au sud-est du grand *lac Mœris.* Psammitichus, l'un d'eux, demeuré seul maître par le secours de Grecs naufragés, permit à ces derniers de s'établir à *Naucratis;* il construisit *Saïs*, ou l'agrandit seule-

3.

ment ; il plaça une garnison à *Maréa* sur la frontière de la Libye, et s'empara d'*Azoth* dans la Syrie, après un siége de 29 ans. La garnison de Maréa, mécontente du gouvernement de ce prince, alla porter la civilisation égyptienne vers les plus hautes sources du Nil, dans l'Abyssinie actuelle, où l'on retrouve encore des traces de son émigration. Son fils Néchao, qui fit faire, dit-on, le tour de l'Afrique à des Phéniciens, s'avança dans la Palestine, battit à *Mageddo* le roi Josias, et fut vaincu plus tard à *Circésium* sur l'Euphrate, par Nabuchodonosor II, qui s'empara de l'Egypte et de la Libye.

Après cette époque, la monarchie égyptienne perdit beaucoup de sa splendeur, et l'an 525, elle fut soumise par Cambyse, roi des Perses. Malgré plusieurs efforts pour secouer leur joug, l'Egypte ne parvint pas à recouvrer son indépendance, et elle passa ensuite sous la domination d'Alexandre, qui lui donna pour nouvelle capitale *Alexandrie*, dont il traça lui-même le plan. Après la mort de ce grand homme, l'Egypte forma un royaume indépendant sous les Lagides, et fut longtemps florissante. Enfin, vers l'an 31 avant Jésus-Christ, et après la mort de Cléopâtre, sa dernière reine, elle fut réduite en province romaine.

Située au nord-est de l'Afrique, l'EGYPTE était bornée :

Au *nord* par la mer Intérieure ou Méditerranée ;

A l'*est* par l'Arabie Pétrée, le golfe Héroopolite, et la Mer-Rouge ;

Au *sud* par l'Ethiopie ;

A l'*Ouest* par les déserts de la Libye.

Elle était traversée du sud au nord par le Nil qui, un peu au-dessous de Memphis, formait un immense DELTA dont les sept principales branches, appelées les SEPT BOUCHES DU NIL, étaient, en allant de l'ouest à l'est, la *Canopique*, la *Bolbitine*, la *Sebennytique*, la *Phatmétique*, la *Mendésienne*, la *Tanitique* et la *Pélusiaque*. Du temps d'Hérodote, environ dans le milieu du cinquième siècle avant Jésus Christ, les branches *Canopique* et *Pélusiaque* étaient bien plus considérables que les autres, mais depuis elles ont subi de grands changements. C'est aux inondations périodiques de ce grand fleuve que l'Egypte doit sa fertilité; il coule dans une vallée fort étroite, mais longue de 225 lieues environ.

L'Egypte était encore traversée par une multitude de canaux dont les deux principaux étaient le *grand canal de Joseph* sur la rive gauche du Nil, dans la haute et moyenne Egypte, et le *canal de Néchao* dans le Delta, et qui faisait communiquer la branche Pélusiaque avec le *golfe Héroopolite*, dans la Mer-Rouge. Le premier de ces deux canaux, celui de Joseph, servait principalement à l'irrigation des terres. Il commençait à *Diospolis Parva* dans la haute Egypte, passait à *This, Aphroditopolis*; à *Oxyrinchus* et *Héracléopolis* dans la moyenne Egypte, et se terminait vis-à-vis de l'*Aphroditopolis* du nord. D'Héracléopolis, une *branche* allait circulairement rejoindre le *lac Mœris*, spécialement creusé par le pharaon Mœris, pour régulariser les inondations du Nil.

C'est un peu au nord-est de ce grand lac, et à une petite distance de Memphis, que se trouvent les *grandes pyramides* qui servaient à la sépulture des rois; encore plus loin, en tirant vers Maréa, on trouvait la vallée et les *lacs de Natron*, dont on retirait une immense quantité de nitre.

A peu près à la même distance du lac Mœris, mais vers le sud-est, était situé le fameux *labyrinthe* formé de la réunion de douze palais bâtis en commun par Psammitichus et par les onze autres seigneurs qu'il vainquit : on y entretenait des crocodiles sacrés.

En allant de l'ouest à l'est, et vers les bouches du Nil, on trouvait les lacs salés *Mareotis*, *Butique* et *Sirbonite* : et presque sous le Tropique du Cancer, dans la mer Rouge, le *golfe Immonde*, au fond duquel était situé le port de *Bérénice*.

Dans la même mer, et vers le même golfe, on trouvait les îles d'*Agathon* et des *Serpents*; et beaucoup plus au nord, les îles de *Vénus* et de *Sapirène*.

A gauche et à droite de la longue vallée du Nil, s'étendaient d'arides déserts de sables au milieu desquels on remarquait : à l'est, le *mont de Pierre Basanite* près de Syène, les *mines d'Emeraudes*, plus près de la mer Rouge, et les *monts de Porphyre* à l'est de Thèbes; à l'ouest, la *Grande-Oasis* ou *l'oasis de Thèbes*, dans laquelle on trouve encore des restes admirables, et la *Petite-Oasis* dans la moyenne Egypte.

Sous le rapport topographique, l'Egypte était

anciennement divisée en trois parties principales, savoir :

La Thébaïde ou Haute-Egypte, appelée ainsi de Thèbes sa capitale : c'est aujourd'hui le Saïd.

L'Heptanomide ou Moyenne-Egypte : elle comprenait *sept nomes* ou provinces : c'est l'Ouestanieh moderne.

Le Delta ou Basse-Egypte qui tirait son nom du grand Delta formé par le fleuve ; maintenant le Bahari.

1° Dans la Thébaïde, qui fut la plus anciennement habitée, on trouvait :

Le long du Nil :

Éléphantine, dans l'île de ce nom ; on y voit encore les restes d'un *nilomètre* ou instrument pour mesurer l'élévation des eaux du Nil, que Strabon a décrit.

Syène, aujourd'hui Assouan : elle possédait un puits au fond duquel, pendant le solstice d'été, on voyait l'image du soleil toute entière ; et plus loin, la *grande Apollinopolis, Hieraconpolis. Latopolis* (Esneh), et *Hermonthis*.

Thèbes, appelée aussi la *grande Diospolis*, la grande ville de Jupiter, et surnommée, par Homère *Hecatompylos* ou la ville aux cents portes. Elle paraît avoir eu 12 lieues de circuit à l'époque de sa plus grande splendeur, environ dans le dix-septième siècle avant l'ère chrétienne, et elle renfermait des richesses immenses avant l'invasion de Cambyse. Elle est remplacée aujourd'hui par quatre petits villages, dont l'un s'appelle

Luxor : ses ruines, qu'on admire encore, sont les plus importantes de l'antiquité.

Coptos (aujourd'hui Keft), l'une des plus commerçantes de l'ancienne Egypte ; elle fut ruinée par l'empereur Dioclétien.

Tentyris (Denderah), ville fameuse par les restes de son grand temple, duquel on a détaché le planisphère précieux, connu sous le nom de *zodiaque de Denderah*, et qui se trouve maintenant à la Bibliothèque royale.

Après Tentyris, on trouvait successivement *Diospolis parva*, où commence le grand canal de Joseph, *Abydus*, *Ptolémaïs*, *Chemnis*, *Antæopolis*, *Hypselis* et *Lycopolis*, villes autrefois très-considérables, et qui sont toutes remplacées aujourd'hui par de misérables villages. Le long du canal, à l'ouest on rencontrait :

This, l'une des plus anciennes villes de la Thébaïde : et *Aphrod. topolis*, ou ville de Vénus.

Le long de la mer Rouge on trouvait successivement, en allant du sud au nord :

Bérénice, au fond du golfe Immonde : c'était le port le plus commerçant de l'Egypte. Un peu au nord-est, on voit *Bérénice Troglodytique*. *Myos-Hormos* (port de la Souris), qui fut le port le plus fréquenté de la mer Rouge, après l'abandon de celui de Bérénice.

Un peu plus au nord, étaient situés la ville d'*Arsinoé*, et le port *Philoteras*.

2° Dans l'*Heptanomide*, on trouvait le long du Nil :

La grande *Hermopolis*, ou la grande ville de

Mercure ; *Antinoë*, bâtie par l'empereur Adrien, en l'honneur d'Antinoüs, son favori ; *Théodosiopolis*, *Cynopolis*, *Eo* et *Aphroditopolis du nord*.

MEMPHIS, ancienne capitale de l'Heptanomide et de toute l'Egypte, et l'une des plus grandes villes du monde : on attribue sa première fondation à Ménès. Elle était située sur la rive gauche du Nil, au nord-est du lac Mœris, et à une petite distance au sud des grandes pyramides. On remarquait dans cette immense cité, dont la splendeur fit presque oublier celle de Thèbes, le temple de Phtha, et celui de Sérapis, où conduisait une longue avenue de sphynx d'une prodigieuse grandeur ; et beaucoup d'autres magnifiques monuments qui furent détruits par Cambyse vers le commencement du sixième siècle, avant l'ère chrétienne. On voit aujourd'hui, sur les débris de Memphis, plusieurs petits villages, dont l'un s'appelle *Memf*, et rappelle encore le nom de cette ville célèbre.

Le long du canal de Joseph étaient situées :

Oxyrinchus, si fameuse par la dévotion de ses habitants, comme payens et comme chrétiens ;

Héracléopolis; et *Crocodilopolis*, située tout près du lac Mœris. C'est entre ces deux villes qu'était bâti l'admirable édifice, appelé Labyrinthe.

3° Dans le *Delta* on trouvait :

Saïs, capitale du Delta, avant la construction d'Alexandrie, et l'une des plus anciennes villes de l'Egypte. On y voyait le beau temple de Mi-

nerve, avec un portique superbe et une chapelle
creusée dans une seule pierre, dont le transport,
depuis l'île d'Eléphantine, avait exigé trois ans
de travaux de 2,000 hommes. C'était dans cette
ville que se célébrait chaque année, en l'honneur de Minerve, la fameuse *fête des lampes;*

Naucratis, l'une des plus anciennes colonies
grecques en Egypte : ces deux villes étaient bâties
sur la branche canopique ;

Busiris, sur la branche phatmétique : on y
voyait un temple célèbre, consacré à la déesse
Isis ;

Tanis, l'une des plus antiques cités de l'E-
gypte, dont elle fut la capitale pendant la 21ᵉ et
la 23ᵉ dynastie : on croit que c'est la patrie de
Moïse. Elle était située entre la branche mendésienne et tanitique, à laquelle elle donnait son
nom ;

Héliopolis, à une petite distance de la rive
droite du Nil; on l'appelait *On* ou *Hon* : c'est
là que se trouvait le *magnifique temple dédié
au Soleil.* Déjà, du temps de Strabon, elle était
presque déserte ;

Rhamsès, et *Héroopolis* ou *Pithom*, villes
bâties, dans la terre de Gessen, par les Israélites.
La dernière était située sur le canal de Néchao,
où l'on voyait encore *Babylone*, ville peu remarquable.

Le long de la mer Intérieure, on trouvait en
allant de l'est à l'ouest :

Rhinocorura, et *Péluse* (anciennement *Avaris*), située sur la branche pélusiaque du Nil :
c'était un des remparts de l'Egypte, et sa fon-

dation paraît remonter à l'antiquité la plus reculée ;

ALEXANDRIE , bâtie par Alexandre le Grand , à l'embouchure de la branche canopique du Nil , vers l'an 331 avant l'ère chrétienne. On y admirait le môle magnifique appelé *Heptastade*, la fameuse tour du phare à l'entrée du port , le palais d'Alexandre, ceux des Ptolémées , le théâtre, le stade, le gymnase et le temple du Soma , où l'on plaça le corps d'Alexandre ; puis la bibliothèque , le musée et le temple de Sérapis que fit détruire l'empereur Théodose. On y voit encore la colonne de Pompée, et les restes d'autres grands édifices. On y comptait, sous la domination romaine, plus de 700,000 habitants (*voy*. pag. 211 de la première série);

Maréa , sur le lac Maréotis : c'était le rempart de l'Egypte , du côté de la Lybie ;

Taposiris , ou le tombeau d'Osiris : c'était la ville la plus occidentale de l'Egypte , et l'on croyait qu'Osiris y était enterré ;

Enfin , au fond du golfe Héroopolite , on voyait *Arsinoé*, aujourd'hui *Suez* , sur le canal de Néchao : c'était un des ports les plus fameux de l'Egypte.

PALESTINE.

Cette contrée fameuse , nommée autrefois *Terre de Chanaan* , fut appelée *Palestine* , à cause des *Philistins* qui habitaient au sud-ouest, le long de la mer. C'est là que Dieu voulut établir *son peuple* sous la conduite de Moïse et de Josué , vers l'an 1600 avant l'ère chrétienne. Ce

pays, autrefois si riche et si fertile, et aujour-
d'hui si inculte et si misérable, occupe toute la
grande vallée du Jourdain, depuis l'Anti-Liban
jusqu'à la mer Morte, et depuis la *grande mer*
ou mer Intérieure, jusqu'aux déserts de l'Arabie.
Lorsque Josué en fit la conquête, il eut à vaincre
sept petits peuples qui l'habitaient, savoir : les
Hévéens, les *Chananéens*, les *Gergéséens*, les
Phéréséens, les *Jébuséens*, dont Jérusalem était la
capitale; les *Héthéens* et les *Amorrhéens*. Mais plusieurs de ces peuples conservèrent longtemps leur
indépendance, et ne furent entièrement soumis
que sous le règne de Salomon. Outre ces peuples,
on rencontrait encore, sur les frontières orientales
de la Palestine, les *Madianites*, les *Moabites*,
les *Hammonites* et les *Iduméens;* et d'autres
encore, dans l'intérieur même de la Terre-Pro-
mise, tels que les *Philistins*, qui furent les plus
fameux, et que nous avons déjà nommés ; et les
Phéniciens (anciens Chananéens), qui dominaient au nord-ouest sur les bords de la mer.

Après la conquête du pays de Chanaan, Josué
en fit *treize* portions, savoir : *dix* en deçà du
Jourdain, sur la rive droite; et *trois* au delà du
Jourdain, sur la rive gauche. Voici à quelles tribus d'Israël elles échurent en partage

Au DELA DU JOURDAIN, en allant du sud au
nord :

1º La *tribu de Ruben*, enfant de Léa, première
femme de Jacob.

2º La *tribu de Gad*, enfant de Zilpa, servante
de Léa.

3° La *demi-tribu de Manassé*, fils aîné de Joseph, enfant de Rachel, deuxième femme de Jacob.

En deçà du jourdain, en allant du nord au sud :

1° La *tribu de Nephthali*, enfant de Bilha, servante de Rachel.

2° La *tribu d'Aser*, enfant de Zilpa ; elle occupait une grande partie de la Phénicie.

3° La *tribu de Zabulon*, enfant de Léa.

4° La *tribu d'Issachar*, enfant de Léa.

5° La *demi-tribu de Manassé*, fils aîné de Joseph.

6° La *tribu d'Ephraïm*, second fils de Joseph.

7° La *tribu de Benjamin*, enfant de Rachel.

8° La *tribu de Dan*, enfant de Bilha.

9° La *tribu de Juda*, enfant de Léa.

10° La *tribu de Siméon*, enfant de Léa.

C'est à l'ouest des tribus de Siméon et de Dan que s'étendait le long de la mer le *pays des Philistins*.

Après avoir été gouvernés par des anciens et des juges pendant environ cinq cents ans, les Israélites eurent des rois dont Saül fut le premier. David, qui lui succéda, agrandit le royaume et étendit sa domination depuis la Méditerranée jusqu'à l'Euphrate. Son fils et son successeur Salomon (1019) qui affermit l'empire, embellit Jérusalem, fonda *Thadmor* ou *Palmyre*, se fit céder le port d'*Ælana* sur la mer Rouge, bâtit le fameux temple de Jérusalem, et fit fleurir partout le commerce et les arts.

Après Salomon, la monarchie fut divisée : les

tribus de Benjamin et de Juda restèrent seules fidèles à Roboam, fils de Salomon et ROI DE JUDA: les dix autres tribus formèrent le ROYAUME D'ISRAEL. Ce dernier royaume fut détruit en 718 par Salmanasar, roi d'Assyrie. Celui de Juda fut renversé par Nabuchodonosor le-Grand, vers 606, et les Juifs restèrent en servitude pendant soixante-dix ans. Après cette longue captivité, un édit de Cyrus (536) leur permit de retourner en Judée et de reconstruire le temple.

Depuis ce temps les Juifs, soumis successivement aux Perses, aux Macédoniens, aux Ptolémées d'Egypte, aux rois de Syrie, furent gouvernés par des grands-prêtres. L'un d'eux, Judas Machabée, secondé par ses frères, affranchit les Juifs du joug des Syriens, vers 166 avant l'ère chrétienne, et environ un demi-siècle plus tard la royauté fut rétablie. Ce nouveau royaume, appelé *royaume de Judée*, fut toujours soumis à l'influence des Romains qui détruisirent Jérusalem, l'an 70 de l'ère chrétienne, sous le règne de l'empereur Vespasien. Depuis ce temps, les Juifs ont cessé d'être comptés au nombre des nations de la terre, et ont toujours été dispersés en tous lieux, sans jamais se confondre avec aucun peuple.

A l'époque où le Christ vint au monde, la Palestine était divisée en cinq contrées principales, savoir :

En deçà du Jourdain et du sud au nord :

I. La JUDÉE qui comprenait les tribus de Siméon, de Juda, de Benjamin et de Dan.

II. La SAMARIE, qui embrassait la tribu

d'Ephraïm, et la demi-tribu de Manassé.

III. La GALILÉE, comprenant la tribu d'Issachar, la tribu de Zabulon, celle d'Aser et celle de Nephthali.

Au delà du Jourdain :

IV. La PÉRÉE, qui embrassait la tribu de Gad et celle de Ruben.

V. La BATANÉE, qui renfermait la demi-tribu de Manassé.

Le seul fleuve un peu considérable de la Palestine était le *Jourdain* (aujourd'hui l'Arden) qui prend sa source dans l'*Anti-Liban*, un peu au nord de la tribu de Nephthali, coule du nord au sud, traverse successivement le *lac Samochonitis* ou *eaux de Merom*, le *lac de Genezareth* ou *mer de Tibériade*, et se rend dans le *lac Asphaltite* ou *mer Morte*, après un cours de 40 lieues : on présume que ce fleuve allait déboucher, autrefois, dans le golfe Ælanitique de la mer Rouge.

Les principaux affluents du Jourdain sont :

A gauche,

Le *Hiéromax* dont une branche passe à *Gessur* : il arrosait la demi-tribu de Manassé.

Le *torrent de Jabbok* qui prend sa source près de *Bostra*, et traversait la tribu de Gad.

Plus au sud, coule dans la mer Morte, le *torrent d'Arnon* qui séparait la Terre-Sainte du pays des Moabites : il se trouve sur les frontières méridionales de la tribu de Ruben.

A droite,

Parmi un grand nombre de courants d'eau qui allaient grossir le Jourdain, nous citerons :

4.

Le *Kison oriental* dans la tribu de Nephthali.

Le torrent d'*Harad* dans la demi-tribu de Manassé, en deçà du Jourdain.

Le torrent de *Taphua* et le torrent de *Carith* dans la tribu d'Ephraïm.

Et le fameux torrent de *Cédron* qui prend sa source dans la tribu de Benjamin, passe à Jérusalem et se rend dans la mer Morte ou lac Asphaltite.

Un grand nombre d'autres courants d'eau peu considérables coulent dans la mer intérieure (mer Méditerranée). Voici les principaux en allant du nord au sud :

Le *torrent de Sabbathicus*, un peu au nord de Sidon ; le *Maserephot ;* le *Léontès* qui passe à *Hamath ;* et le *Bélus* qui passe à *Ptolémaïs :* ces quatre torrents arrosaient la Phénicie propre dans la tribu d'Aser.

Le *Kison occidental* dans la tribu d'Issachar.

Le *Chorseus* et le *torrent de Mageddo* dans la demi-tribu de Manassé, en deçà du Jourdain.

Le *torrent des Roseaux*, celui de *Saron* et celui de *Gaas* dans la tribu d'Ephraïm.

Le *torrent des Philistins*, celui de *Laïssa*, ceux de *Sorek*, de *Besor* et d'*Agar* dans la tribu de Dan et de Siméon, et dans le pays des Philistins.

Le Jourdain et les torrents que nous venons de nommer, prennent leurs sources dans les montagnes que nous allons indiquer.

Vers les sources du Jourdain et du Léontès, se trouve la chaîne principale de l'*Anti-Liban*, dont les ramifications parcourent irrégulièrement du nord au sud toute la Palestine sous les noms de :

Mont-Tabor, un peu à l'est de *Nazareth*, dans la tribu de Zabulon ; *Montagne de Gelboé*, si éloquemment maudite par David, pour avoir été le lieu de la défaite et de la mort de Saül et de Jonathas ; et plus à l'ouest le *mont Carmel*, séjour habituel d'Elie et d'Elisée : ces deux montagnes étaient comprises dans la tribu d'Issachar.

Le *mont Garizim* et le *mont Ebal* dans la demi-tribu de Manassé, en deçà du Jourdain.

Les *montagnes d'Ephraïm* dans la tribu de ce nom.

Le *mont Baalah* dans la tribu de Dan.

Et les *montagnes de Judée* dans la tribu de Juda ; enfin le *mont Angaris* dans le pays des Philistins.

Le fleuve Léoutès sépare la chaîne de l'Anti-Liban de celle du *Liban*, plus rapprochée de la mer.

A l'est du Jourdain et de la mer Morte, on trouvait le *mont Hermon* dans la demi-tribu de Manassé.

Le *mont Abarim* et le *mont Nebo* dans la tribu de Ruben : c'est du haut de cette dernière montagne, sur laquelle il mourut, que Moïse put voir la *terre promise*.

Maintenant, parcourons chaque tribu pour en indiquer les principales villes.

AU DELA DU JOURDAIN.

I. *Tribu de Ruben.*

On ne peut y citer que la ville royale d'*Hesç-bon*, l'une des premières conquises par les Israélites : elle avait été la capitale d'un royaume amorrhéen.

II. *Tribu de Gad.*

La principale ville de cette tribu était *Ramoth-Galaad*, près de laquelle Joram, roi d'Israël, fut tué. — Vers le Jourdain, on trouvait *Succoth*, dont les habitants furent mis à mort par Gédéon, à qui ils avaient refusé des secours.

III. *Demi-tribu de Manassé.*

Gessur, ancienne capitale d'un royaume soumis par David ; c'est un peu au sud-ouest de cette ville que se trouvait le *bois d'Ephraïm*, où fut tué Absalon ; d'autres placent ce bois dans la tribu de Gad.

Edrehi, au sud-est de Gessur, célèbre par la défaite du géant Og, roi de Basan.

Astaroth, à l'ouest d'Edrehi, où la déesse phénicienne Astarté avait un temple : cette ville fut la capitale du royaume de Basan.—C'est un peu à l'est de cette demi-tribu, et vers les sources du torrent de Jabbok, qu'était située *Bostra*, si fréquemment nommée dans l'histoire ancienne, et patrie de l'empereur Philippe.

EN DEÇA DU JOURDAIN.

IV. *Tribu de Nephthali.*

On y trouvait *Hatsor*, capitale du royaume de Jabin, vaincu par Josué ; *Césarée*, tout à fait au nord ; puis *Corazin, Capharnaüm* et *Bethsaïde*, auxquelles le Sauveur reprocha avec tant de force leur endurcissement.

V. *Tribu d'Aser.*

La ville la plus remarquable de cette tribu était *Hamath*, dont la position est douteuse, et qui fut capitale d'un royaume de même nom, protégé par David.—On y trouvait encore la *Grande Cana, Ebron ;* et le long de la côte, *Sarepta*, où demeura le prophète Élie.

Encore le long de la mer Intérieure, dans le pays des PHÉNICIENS, on doit remarquer *Sidon :* au nord, et plus au sud *Tyr*, son opulente colonie, surnommée la *reine des mers ;* plus au sud encore, *Aco* (ou *Ptolémaïs*).

VI. *Tribu de Zabulon.*

On remarquait dans cette tribu, *Tibérias*, le long du lac de Genezareth; *Béthulie*, assiégée par Holopherne et délivrée par Judith ; *Cana-la-Petite*, où Jésus opéra son premier miracle ; *Zabulon* et *Nazareth*, où habitait la Sainte-Vierge.

VII. *Tribu d'Issachar.*

Les principales villes de cette tribu étaient

Aphek, Jizréhel, près de laquelle Gédéon battit les Madianites ; et *Endor*, à l'est des montagnes de Gelboé, où Saül vint consulter la pythonisse, et évoquer l'ombre de Samuel.

VIII. *Demi-tribu de Manassé.*

SAMARIE, depuis capitale du royaume d'Israël formé par les dix tribus qui abandonnèrent le fils de Salomon, était la ville la plus remarquable de cette tribu occidentale de Manassé. — On y trouvait encore près du Jourdain, *Béthabara*, qu'il ne faut point confondre avec une autre *Béthabara* au delà du Jourdain, probablement dans la tribu de Ruben, et vers laquelle saint Jean-Baptiste baptisait.—Puis sur le bord de la Grande-Mer, la *Tour de Straton*, plus tard *Césarée.*

IX. *Tribu d'Ephraïm.*

On y trouvait *Sichem*, sur le torrent de Taphua ; c'est vers cette ville que Jésus convertit la Samaritaine ; — *Scilo*, plus au sud : l'arche sainte y fut longtemps conservée. — *Archélaïs*, sur le torrent de Carith ; — *Lydda*, vers le sud-ouest, on l'appela plus tard *Diospolis ;* — et *Emmaüs*, au nord-ouest de Jérusalem.

X. *Tribu de Dan.*

Joppé (aujourd'hui Jaffa), ville très-ancienne, sur le bord de la Grande-Mer, était le lieu le plus considérable de cette tribu, dans laquelle on trouvait encore *Eleuthéropolis*, vers le sud.

XI. *Tribu de Siméon.*

Les villes et lieux les plus remarquables de cette tribu étaient :

Tsiklag, brûlée par les Amalécites, et où David prononça une si touchante complainte sur la mort de Saül et de Jonathas, qui venaient d'être tués sur la montagne de Gelboé; puis, plus au sud, *Guérard* et *Béer-Scébah*, où Abraham fit alliance avec Abimélec, roi de Guérar : c'est un peu au sud-ouest de ce dernier lieu qu'on place la *fontaine d'Agar*.

XII. *Tribu de Juda.*

Dans cette tribu, qui s'étendait à l'ouest de la mer Morte, il faut remarquer :

Bethléhem, patrie de David et de Jésus, un peu au nord *Rama;* et au nord-ouest de cette ville, le *tombeau de Rachel;* plus au sud, et vers la mer Morte, *Séboïm, Gomorrhe* et *Sodome*, détruites par le feu du ciel.

XIII. *Tribu de Benjamin.*

C'est dans cette tribu, située au nord de celle de Juda, que se trouvait JÉRUSALEM (autrefois Jébus), la ville sainte, entre les deux sources principales du torrent de Cédron, et vers les frontières de la tribu de Juda. David l'agrandit et la fortifia, et Salomon en fit une des premières villes du monde. C'est là qu'on admirait le fameux temple de l'Eternel, commencé par David et achevé avec tant de magnificence par son fils Salomon. Cette ville était située sur plusieurs col-

lines, dont les principales étaient celles d'*Acra* et
de *Sion* : c'est sur une autre colline, appelée le
mont Moriah, que fut élevé le temple de Jérusalem. Un peu à l'est de Jérusalem, on rencontrait *Béthanie*, village où le Christ allait souvent;
plus au nord-est, se trouvaient successivement
Ephraïm; et *Jéricho*, détruite par Josué.

Dans le *pays des* PHILISTINS on remarquait,
en allant du nord au sud :

Azoth, qui soutint contre Psammitichus, roi
d'Egypte, un siége de 29 ans : c'est le plus long
dont l'histoire fasse mention ;

Ascalon, sur la grande mer : c'était une ville
fort ancienne et la seconde des Philistins ;

Gaza ; c'était la capitale des Philistins, et une
ville très-forte. Elle se défendit pendant deux
mois contre Alexandre le Grand; elle est maintenant en ruines.

PHÉNICIE.

La Phénicie, proprement dite, s'étendait, du
sud au nord, depuis le *mont Carmel* jusqu'à la
ville d'Aradus, dans l'île de ce nom, vers l'embouchure du fleuve Eleuthère, qui la séparait de
la Syrie. Cette contrée, très-peu fertile, mais fa-
vorablement située pour le commerce maritime,
occupait une bande étroite de terres stériles, entre le *mont Liban* et la mer.

Le plus grand de ces fleuves était le *Léontès*,
dont nous avons déjà parlé; on peut encore citer
le fleuve *Eleuthère*, qui la bornait au nord.

Les Phéniciens, descendants de Cham, sont
fameux dans l'histoire par l'étendue de leur com-

merce, la puissance de leur marine, le grand nombre de leurs colonies, dont Carthage fut la plus célèbre ; et leurs progrès dans les arts industriels, et particulièrement dans la teinture et la verrerie. On leur attribue aussi l'invention des premiers caractères de l'écriture.

Cette contrée était divisée en un certain nombre de villes et de territoires indépendants les uns des autres, mais cependant unis par des liens communs de défense mutuelle. Parmi ces villes on peut citer, en descendant le long de la mer et du nord au sud :

Aradus et *Antaradus :* la première, bâtie dans une petite île, et l'autre vis-à-vis, sur le continent, à l'embouchure du fleuve Eleuthère. Cette dernière se nomme aujourd'hui *Tortose ;*

Tripolis, bâtie en commun par les Tyriens. les Sidoniens et les Aradiens : elle a conservé son nom jusqu'à nous ;

Byblus ou *Byblos*, qui fournit d'habiles charpentiers à Salomon, pour construire le temple de Jérusalem ; on y voyait un beau temple d'Astarté ou de Vénus phénicienne ;

Sidon, que nous avons déjà citée en parlant de la tribu d'Aser. Cette ancienne ville, longtemps florissante, fut cependant effacée par sa célèbre colonie,

TYR, la reine des mers, dont les prophètes font une si brillante description. Cette ville fameuse fut longtemps gouvernée par des rois particuliers ; elle fut détruite par Nabuchodonosor II, et rebâtie dans une île. Cette nouvelle Tyr dépassa bientôt, en grandeur et en puissance, l'an-

5

cienne Tyr, *Palæ-Tyrus*. Alexandre le Grand,
après un siège opiniâtre de sept mois, s'empara
de la nouvelle Tyr, qui perdit bientôt après sa
puissance : aujourd'hui ce n'est plus qu'un village, connu sous le nom de *Ssour*.

Ptolémaïs, plus anciennement *Aco* (aujour-
d'hui *Acre*), était située à l'embouchure du
fleuve Bélus, et devait son nom à l'un des Ptolémées d'Egypte. Elle avait un beau port.

SYRIE.

Sans pouvoir lui assigner des limites précises, on
peut dire que la *Syrie*, sous un rapport purement
géographique, s'étendait du sud au nord, depuis
les sources du Jourdain, à la hauteur de Tyr,
jusqu'au *mont Amanus*, et jusqu'aux sources du
Chaboras, affluent de l'Euphrate ; et de l'est à
l'ouest, depuis le Tigre jusqu'à la mer Intérieure
(mer Méditerranée).

Ainsi, vers le nord, elle touchait à la Cilicie
et à l'Arménie ; à l'est, le Tigre la séparait de
l'Assyrie ; au sud-est, elle était bornée par la
Mésopotamie et l'Arabie Pétrée.

Cette vaste contrée portait encore les noms de
Mygdonie, entre l'Euphrate et le Tigre ; et de
Coelé-Syrie ou *Syrie-Creuse*, dans les vallées
du *Léontès*, de l'*Amanah*, de l'*Oronte* et de
l'*Eleuthère*, au pied du *Liban* et de l'*Anti-
Liban*.

Outre le *Léontès* et l'*Eleuthère*, dont nous
avons déjà parlé plus haut, la Syrie était arrosée
par l'*Amanah* (aujourd'hui Baradé), qui passe à
Damas ; par l'*Oronte*, qui coule du mont Liban

vers le nord-ouest, en passant, peut-être à *Emèse*, à *Apamée* et à *Antioche*; par le *Chalcis*, qui arrosait une ville du même nom; par l'*Euphrate* qui passait à Thapsaque, et par ses affluents, le *Chaboras* et le *Mygdonius*.

Ses principales montagnes étaient le *Liban* et l'*Anti-Liban*, dans la *Cœlé-Syrie*; le *mont Pierius*, près d'Antioche; et le *mont Amanus*, sur les frontières de la Cilicie.

Dans les vallées qu'arrosent les fleuves que nous avons nommés, la Syrie est assez fertile; mais dans les autres parties, surtout vers le sud-est, on ne rencontre que des déserts où se trouvent parfois de rares oasis.

Dans les plus anciens temps on trouve en Syrie, et vers sa partie méridionale, quatre petits royaumes, qui sont, en allant du nord au sud: *Sobah* ou *Sophène*, et *Hamath*, desquels on ignore la position certaine, et ceux de *Damas* et de *Gessur*. Ces petits royaumes furent successivement subjugués par les Israélites, les Assyriens et les Babyloniens; mais le plus puissant de tous fut celui de Damas, qui conserva longtemps son indépendance.

Au commencement du quatrième siècle, avant l'ère chrétienne (après la bataille d'Issus, 301), la Syrie devint le principal noyau d'un vaste royaume, comprenant, outre la Syrie propre, la Palestine, la Phénicie, la plus grande partie de la Haute-Asie: ce royaume est souvent nommé *empire des Séleucides*, du nom de Séleucus, l'un des lieutenants d'Alexandre le Grand. Ce nouvel empire dura jusqu'à l'an 64 avant Jésus-Christ,

époque où la Syrie fût déclarée province romaine.

Parmi les villes les plus remarquables de la
Syrie, nous citerons :

A l'ouest de l'*Euphrate*, et en remontant vers
le nord,

DAMAS, l'une des plus anciennes villes du
monde, et qui est encore une des plus considérables cités de l'Asie ;

Sur l'Oronte, *Emèse*, position incertaine ;
Apamée (aujourd'hui Famieh), bâtie par Séleucus Nicator : elle eut des rois particuliers jusqu'à la domination romaine ;

ANTIOCHE (aujourd'hui Antakia), l'une des
plus célèbres villes d'Asie, fréquemment citée
dans l'Histoire romaine et dans l'Histoire du
moyen âge : elle fut bâtie par Séleucus Nicator,
en l'honneur d'Antiochus, son père.

Au sud d'Antioche, et sur le bord de la mer,
Laodicée, connue par son beau port et ses vins
renommés ; et *Marathus*, ou *Marathos*, détruite
par les habitants d'Aradus, jaloux de sa pros-
périté.

A l'est de l'Oronte, *Chalcis*, sur le fleuve de
ce nom : quelques auteurs présument que c'était
l'ancienne *Sobah* ou *Sophène*.

Enfin, beaucoup plus à l'est et vers le désert,
Tadmor ou *Palmyre*, fondée par Salomon, et
rendue si florissante par la fameuse et savante
Zénobie. On y voit encore des ruines magnifiques :
puis, sur l'Euphrate même, *Thapsaque*, dont on
ignore l'exacte position.

À l'est de l'*Euphrate*, dans la Mygdonie, et en allant aussi vers le nord :

Circésium, que Dioclétien fortifia ; elle était située presque au confluent du Chaboras ; *Nisibe* (maintenant Nisibin), fréquemment citée dans l'Histoire romaine : ce n'est plus qu'un village. *Charrès* ou *Charræ* : c'est là que mourut Crassus. On pense que c'est l'ancienne *Ur*, patrie d'Abraham ; elle porte encore aujourd'hui le nom d'Haran. *Edesse* (aujourd'hui Orfa) ; on fait remonter sa fondation à Nembrod, et elle fut longtemps regardée comme la capitale de la Mygdonie : c'était un des plus puissants boulevards de l'empire romain, du côté de l'est.

Avant de terminer cet article, nous devons faire remarquer que, à d'autres époques, la *Syrie*, dans laquelle on comprend quelquefois la Palestine et la Phénicie, ne semble s'être étendue que jusqu'à l'Euphrate ; alors toute la *Mygdonie*, à l'est de ce fleuve, est comprise dans la Mésopotamie : et c'est ainsi que nous l'avons considérée dans la carte des anciens empires, où nous étendons la Syrie jusque vers la mer Rouge.

ASIE-MINEURE OU ANTÉRIEURE.

La grande presqu'île, appelée ASIE-MINEURE, paraît devoir être limitée vers le *sud-est*, par la ligne sinueuse qui, partant du *mont Pierius*, vers le *golfe d'Issus*, se dirige vers le *mont Amanus* ; puis le long de l'Euphrate jusqu'à la source du *fleuve Absarus* (aujourd'hui le *Fortunasoni*), vers l'embouchure duquel elle se termine ; — Au

5.

nord, elle était baignée par le *Pont-Euxin*, le *Bosphore de Thrace* (canal de Constantinople), la *Propontide* (mer de Marmara), et l'*Hellespont* (détroit des Dardanelles) ; — à l'*ouest*, par la mer *Egée* (Archipel), qui forme un grand nombre de golfes, parmi lesquels il faut remarquer celui de *Smyrne*; — au *sud*, par la *mer Intérieure* (Méditerranée), qui forme le *golfe de Pamphylie* (aujourd'hui de Satalie); la *mer de Cilicie*, entre les côtes du même nom et l'île de *Cypre* (Chypre), et le *golfe d'Issus* (aujourd'hui d'Alexandrette).

Ainsi limitée, l'Asie-Mineure nous offre les *seize divisions* suivantes, savoir :

Cinq au nord : le *Pont*, la *Paphlagonie*, la *Bithynie*, la *Petite-Phrygie* et la *Troade*;

Trois à l'ouest : la *Mysie*, la *Lydie* et la *Carie*;

Quatre au centre : la *Grande-Phrygie*, la *Pisidie*, la *Lycaonie* et la *Cappadoce*;

Trois au sud : la *Cilicie*, dont la partie occidentale reçut le nom d'*Isaurie* dans les premiers siècles après Jésus-Christ; la *Pamphylie* et la *Lycie ;*

Enfin les *îles* de la Propontide, de la mer Egée et de la mer Intérieure.

L'histoire de ces divers petits royaumes, dont les limites, toujours incertaines, ont sans cesse varié, est liée à l'histoire des grands empires, dont ils durent nécessairement subir l'influence, et auxquels ils furent fréquemment soumis. Les plus fameux sont les royaumes de *Troie*, déjà détruit avant Homère; de *Lydie*, qui fut renversé par Cyrus ; de *Pont*, si puissant et si formidable aux Romains, sous le règne de Mithridate. Après la mort de cet homme extraordinaire, toutes les parties de l'Asie-Mineure passèrent sous le joug des Romains. Aujourd'hui la portion la plus grande et la plus occidentale de cette presqu'île, porte le nom d'*Anadolie*, et fait partie de l'empire ottoman.

Maintenant nous allons successivement jeter un rapide coup d'œil sur chacune des seize divisions que nous avons tracées.

I. PARTIES DU NORD.

1° PONT.

Ce royaume était borné, au *nord*, par le *Pont-Euxin;*—à l'*est*, par la *Colchide* et l'*Euphrate;* — au *sud*, par la *Cappadoce;* —à l'*ouest*, par la *Paphlagonie.* — Il était arrosé par le *Thermodon* (Thermeh), et le *Lycus*, affluent de l'*Iris* : l'*Absarus* et l'*Halys* (Kizil Irmack) y prennent leurs sources. — Le Pont était traversé par les *monts des Amazones*, et l'on trouvait, vers sa frontière orientale et dans le pays des *Macrons*, le *mont Téchès.* — Les principales villes de ce royaume, qui s'étendit beaucoup plus loin sous Mithridate, étaient : *Trapezunte* (Trébizonde), siége d'un empire grec, fondé au commencement du treizième siècle, et détruit par les Turcs à la fin du quinzième ; — et *Cérasunte*, colonie de Sinope, et d'où Lucullus apporta, dit-on, les premiers cerisiers en en Europe : ces deux villes étaient situées sur le Pont-Euxin.

2° PAPHLAGONIE.

Cette partie de l'Asie-Mineure avait pour limites : — à l'*est*, le *Pont* ; — au *sud*, la *Cappadoce*, et la partie de la *Petite-Phrygie*, appelée plus tard *Galatie*, du nom des Gaulois qui s'y établirent ; — à l'*ouest*, par la *Bithynie* : c'est sur les confins de cette dernière province de la Galatie et de la Paphlagonie, que s'élève le *mont Olympe*. — Cette contrée était arrosée par le *Thermodon*, l'*Iris* (Djékil Irmack) ; et son affluent le *Lycus* ; par l'*Halys*, le plus grand fleuve de l'Asie-Mineure, et le *Parthenius*. — Nous y citerons *Amisus*, colonie ionienne, qui se maintint longtemps florissante ; elle était située sur le Pont-Euxin, entre l'Iris et l'Halys : aujourd'hui elle porte le nom d'Iamsoun ; — *Amasie*, sur l'Iris, agrandie et fortifiée par les rois de Pont : c'est la patrie de Strabon (aujourd'hui elle se nomme encore Amasieh) ; *Sinope*, bâtie sur la pointe la plus septentrionale de l'Asie-Mineure, dont elle fut longtemps l'une des villes les plus considérables : c'est la patrie de Diogène le cynique ; et elle porte encore le nom de Sinope.

3° BITHYNIE.

Comme tous les autres petits états de l'Asie-Mineure, la Bithynie vit souvent s'étendre et se resserrer beaucoup ses limites qui étaient, à l'*est*, la *Paphlagonie* ; — au *sud*, la *petite Phrygie* ; — à l'*ouest*, la *Propontide* et le *Bosphore de Thrace* ; — au *nord*, le *Pont-Euxin*. — Elle était traversée, du *sud* au *nord*, par le *Sangarius*

(Sakaria), et avait pour principales villes : *Ni-comédie* (Izmid) , fondée par Nicomède Ier, elle fut longtemps une des premières villes d'Asie ; les Romains surtout l'embellirent beaucoup , et aujourd'hui encore elle est considérable : Annibal s'y empoisonna ; — *Nicée* (Isnik), sur le *lac Ascanius* égala plus tard Nicomédie ; c'est la patrie du fameux astronome Hipparque et de Dion Cassius : c'est dans cette ville que se tint , sous Constantin, le premier concile-général ; — *Chalcédoine* (Kadikœi), à l'extrémité méridionale du Bosphore de Thrace , et en face de *Byzance* (Constantinople) : c'était la plus importante colonie de Mégare, aujourd'hui ce n'est plus qu'un village ; — *Héraclée*, ancienne colonie de Mégare ; on l'appelle aujourd'hui Erekli.

4° PETITE-PHRYGIE.

Elle était bornée au nord, par la *Propontide*, la *Bithynie* , la *Paphlagonie* ; — au sud-est et au sud, par la *Grande-Phrygie* et la *Mysie* ; — à l'ouest, par *la Troade*. — Le *Sangarius*, qui fait de grands détours, arrose sa partie orientale et se rend dans le Pont-Euxin ; plus à l'ouest, le *Rhyndacus* (Laupadi) coule dans la Propontide, ainsi que le *Tarsius* et l'*Esèpe* ; ce dernier séparait la Petite-Phrygie de la Troade. — On trouvait encore dans cette contrée, et un peu au sud de *Pruse* , un autre *mont Olympe*.

La Petite-Phrygie , avec la Troade, fit plus tard partie DU ROYAUME DE BITHYNIE , dont le roi Nicomède I abandonna une partie aux Gaulois venus à son secours : cette partie de la Petite

Phrygie, qui est arrosée par le cours supérieur du Sangarius, reçut dès lors le nom de GALATIE.

Parmi les villes les plus remarquables de la contrée que nous décrivons, nous citerons :

Dans la GALATIE, *Ancyre* (Angora); elle fut longtemps la capitale de la Galatie, elle est encore aujourd'hui considérable ; — *Pessinunte*, célèbre par le temple de Cybèle ; — et *Gordium*, ville très-ancienne, bâtie sur le Sangarius, comme les deux précédentes : c'est là qu'Alexandre trancha de son épée le fameux nœud gordien auquel était attaché, suivant l'oracle, la possession de l'Asie.

Dans la PETITE-PHRYGIE proprement dite, *Pruse* (Brousse), séjour ordinaire des premiers rois de Bithynie, si longtemps capitale de l'empire ottoman d'Asie ; elle est encore aujourd'hui très-considérable; — *Cyzique*, ancienne colonie grecque bâtie sur l'Isthme qui joint au continent la *presqu'île des Dolions* ; elle avait deux beaux ports, et devint une des plus commerçantes et des plus considérables cités de l'Asie.

5° TROADE.

Ce petit pays faisait partie de la *Mysie*, qui le borne au sud-est, ainsi que la *Petite-Phrygie* ; — au nord, il avait la *Propontide* ; — et au nord-ouest et au sud, l'*Hellespont* et la *Mer-Égée*. —Du *mont Ida*, qui s'élève sur les confins de la Mysie et de la Petite-Phrygie, descendait le *Simoïs* grossi par le *Xanthe* ou Scamandre, petits torrents rendus si fameux par les chants d'Homère ; ils se rendent dans l'Hellespont. — Vers le nord, le *Granique*, célèbre dans l'*Histoire d'Alexandre*, coule dans la *Propontide*. — Les principales villes étaient *Troie*, détruite entière-ment par les Grecs, sous la conduite d'Agamem-non, en 1270, et dont il ne reste presque pas de vestiges; il ne faut pas la confondre avec l'*Ilium recens*, bâtie un peu plus au nord, par Alexan-dre le Grand.—Sur l'Hellespont on voyait *Aby-dos*, colonie de Milet; et *Lampsaque*, patrie d'A-naximène.

II. PARTIES DE L'OUEST.

1° MYSIE.

Elle était bornée à l'ouest par la *Mer-Égée*; — au nord et à l'est, par la *petite* et la *Grande-Phrygie*; — au sud, par la *Lydie*. — Le *mont Taurus* la traverse irrégulièrement, et elle est arrosée par le *Rhyndacus* qui coule dans la Pro-pontide, le *Caïque* et le *Lycus* affluent de l'*Her-mus*, qui y prend aussi sa source, et qui se rend dans le *golfe de Smyrne*. — On y remarquait *Pergame*, sur le *Caïque*, qui devint la capitale d'un royaume de ce nom, et fut longtemps floris-sante: le parchemin y fut inventé; elle est encore aujourd'hui assez considérable, et l'on y trouve un grand nombre de restes antiques; — Plus au nord, *Thèbes*; et *Adramytte*, assez importante sous les empereurs romains;—au sud, *Elée*, fon-dée pendant le siége de Troie, par Mnesthée, roi d'Athènes; elle était située à l'embouchure du Caïque.

2° LYDIE.

Cette contrée, qui forma le noyau d'un puissant et vaste royaume, sous Halyatte et Crésus, dans le sixième siècle avant Jésus-Christ, était bornée, au nord par *la Mysie*; au sud-ouest par la *Grande-Phrygie*; — au sud par *la Carie*; — à l'ouest par la *mer Égée*. — Du *mont Tmolus*, ramification du Taurus, se détache, vers le nord-ouest, le *mont Sypile*, et vers le sud-ouest, le *mont Mycale*, célèbre par la bataille de ce nom, que les Grecs gagnèrent sur les Perses, le même jour où ceux-ci étaient battus à Platée. — Le *fleuve Hermus* (Sarabat) et ses affluents le *Lycus* et le *Pactole* au sable d'or, l'arrosent, ainsi que le *Mélès*, sur les bords duquel Homère, dit-on, reçut le jour; le *Caystre*, et le *Méandre* (Mendrès) qui la sépare de la Carie.

On y trouvait, dans l'intérieur, *Sardes* (Sart), sur le Pactole, capitale du royaume de Lydie et surnommée la *seconde Rome*; longtemps sous la domination romaine, elle fut considérée comme la métropole d'Asie; on y trouve encore des ruines magnifiques; — *Thymbrée*, non loin de Sardes, et vers le sud-est: c'est là que Crésus fut vaincu par Cyrus, l'an 547; — Au nord, *Thyatire*, sur le Lycus; — *Magnésie*, sur l'Hermus et au pied du mont Tmolus; c'est sous les murs de cette ville que L.-C. Scipion l'Asiatique remporta une grande victoire sur Antiochus le Grand, roi de Syrie. — Tout à fait au sud, *Tralles*, près du Méandre; elle fut fondée par les Argiens. — Sur la côte, et en remontant vers le nord, *Ephèse*

(Ayasalouk), à peu de distance de l'embouchure du Caystre, et l'une des plus célèbres villes d'Asie: on y admirait le fastueux temple de Diane, brûlé par Erostrate, rebâti avec plus de magnificence, et dont on voit encore des ruines considérables. — *Smyrne*, colonie ionienne, plusieurs fois détruite et toujours se relevant plus florissante ; c'est encore une des plus importantes villes de l'Orient. — *Phocée* (Fokia), colonie ionienne à laquelle Massilia (Marseille) doit sa fondation ; elle était située presque à l'entrée du golfe de Smyrne. — *Cumes*, colonie éolienne ; elle prétendait avoir donné le jour à Homère.

3° CARIE.

La Carie était limitée au nord par le fleuve *Méandre* et par la *Grande-Phrygie* ; — au sud-est, par la *Pisidie* et la *Lycie* ; — au sud et à l'ouest, par la *mer Egée*. — Elle est arrosée du nord au sud, par le *fleuve Calbis* qui descend d'un chaînon secondaire du mont Taurus.—On y trouvait sur la côte, et en descendant du nord au sud, *Milet* (Palatsha), ville ionienne qui étendit partout ses nombreuses colonies ; ce n'est plus qu'un petit village, où l'on découvre encore d'imposantes ruines ; — *Myndus* qui n'existe plus ; —*Halicarnasse*, colonie des Doriens et capitale de la Carie : c'était l'une des premières villes grecques d'Asie : elle avait un port excellent, et l'on y admirait le tombeau du roi Mausole, que lui fit élever son épouse, la fameuse Artémise.— *Cnide* (Porto Genovèse), colonie dorienne consacrée principalement à Vénus, dans le temple de

laquelle on voyait la célèbre Vénus de Praxitèle ;
c'est la patrie de Ctésias et d'Eudoxe ; — *Caunus,*
beaucoup à l'est de Cnide, et près de l'embouchure du fleuve Calbis; c'est la patrie du peintre
Protogène; — Dans l'intérieur , *Mégalopolis,*
Mylassa, Stratonicea.

III. PAYS DU CENTRE.

1° GRANDE-PHRYGIE.

Cette partie de l'Asie Mineure était bornée à
l'ouest par la *Lydie* et la *Mysie* ; — au nord, par
la *Petite-Phrygie* ; — à l'est, par la *Cappadoce*;
—au sud, par la *Lycaonie*, la *Pisidie* et la *Ca-*
rie. Le *mont Taurus* et ses nombreuses chaînes
la traversent ; le *Méandre* la sépare de la Mysie;
l'*Halys* de la Cappadoce, et le bruyant *Cata-*
ractes y prend sa source. — La partie centrale
est occupée par un grand nombre de lacs et de
marais , parmi lesquels on remarque le *marais*
Tatta dont l'eau est salée. — On y trouvait (au
sud) *Iconium* (Konieh), encore aujourd'hui assez considérable ; — Et vers le nord-ouest, *Ipsus,*
où se livra , l'an 301, la grande bataille qui décida des vastes débris de l'empire d'Alexandre.

2° PISIDIE.

Province entourée au nord par la *Phrygie* ;—
à l'ouest, par la *Carie* ; — au sud, par la *Lycie,*
la *Pamphylie* et la *Cilicie*. — à l'ouest, par la
Lycaonie. — Le *Taurus* la parcourt du nord au
sud , et le *fleuve Cataractes* l'arrose en coulant

dans le golfe de Pamphylie, après avoir traversé le *lac Trogitis*. — A l'est du Taurus, les *lacs de Caralis*, entre lesquels était située *Isaure*, capitale des brigands isauriens, et qui fut détruite par les Romains.

3., LYCAONIE.

Cette petite contrée, dans laquelle nous n'avons aucune ville importante à citer, était à l'est de la Pisidie.

4.º CAPPADOCE.

Cette contrée, dont l'histoire n'est connue que depuis les temps d'Alexandre, et qui fut soumise aux Romains un peu après le royaume de Pont, était bornée, au nord, par le *Pont* et la *Paphlagonie;* — à l'ouest, par l'*Halys*, la *Phrygie* et la *Lycaonie;* — au sud, par la *Cilicie;* — à l'est, par l'*Euphrate*, qui la séparait de l'Arménie. — Ces principaux fleuves étaient l'*Halys*, le *Mélas*, affluent de l'Euphrate, le *Pyramus* et le *Sarus*, qui coulent dans la mer de Cilicie. — Au centre, le *Taurus* qui la parcourt, présente le haut sommet du *mont Argée* ou *Argæus* (aujourd'hui l'Ardjich-dagh). — *Mazaca*, plus tard Césarée (Kaïsarieh) en était la capitale; elle était située entre le fleuve Halys et le mont Argœus. — *Tyane*, patrie du philosophe Apollonius, vers les confins de la Lycaonie. — Et *Meliiène*, sur l'Euphrate, fondée par Trajan, et où souffrit le martyr Polyeucte, sont les principales villes de la Cappadoce.

IV. PARTIES DU SUD.

1° CILICIE.

Ce pays maritime, qui s'étendait beaucoup de l'ouest à l'est, était borné à l'est, par l'*Euphrate*, qui le séparait de l'Arménie; — au nord, par le *mont Taurus*, qui le séparait de la Cappadoce et de la Lycaonie; — à l'ouest, par la *Pamphylie*; — au sud, par la *mer de Cilicie*. — Ses principaux fleuves étaient : le *Pyramus* (Geihoun); le *Sarus* (Seihoun), qui vient de la Cappadoce, et s'ouvre, à travers le mont Taurus, un passage célèbre sous le nom de *Portes-Ciliciennes*; le *Cydnus*, si fatal à Alexandre le Grand; et plus à l'ouest le *Calycadanus*. — Ses villes les plus remarquables étaient : *Tarse*, sur le Cydnus, l'une des plus belles villes de l'Asie-mineure; — sur la côte, et de l'est à l'ouest, *Issus*, près du golfe de ce nom, vers les frontières de la Syrie : Alexandre, y remporta une grande victoire sur les Perses; — *Anchiale*, non loin de l'embouchure du Cydnus; elle fut fondée en un jour et en même temps que Tarse, par Sardanapale; — *Séleucie* (aujourd'hui Selefkeh), sur le Calycadanus; elle s'appelait plus anciennement *Holmia*; — et *Sélinunte*, où mourut Trajan.

2° PAMPHYLIE.

Ce pays, l'un des plus petits de l'Asie mineure, était borné à l'est, par la *Cilicie;* — au nord, par la *Pisidie;* — à l'ouest, par la *Lycie;* — et au sud, par le *golfe de Pamphylie.* —

Il était arrosé par l'*Eurymédon*, et par le *Cataractes :* — le *mont Taurus* le mettait à l'abri des vents du nord-est. — Nous n'y cite-rons que *Termessus*, détruite par Alexandre le Grand.

3° LYCIE.

Pays maritime et entouré par la *Pamphylie*, la *Pisidie* et la *Carie*, du côté de l'est, du nord et de l'ouest; et par la *mer Intérieure*, à l'ouest, au sud et à l'est. — On y trouvait sur les côtes *Phaselis*, dont les habitants étaient tous d'au-dacieux pirates, et qui fut ruinée par le consul P. Servilius l'Isaurique; — *Patara*, avec un temple célèbre consacré à Apollon; — *Tel-missus* (Macri), au fond d'un golfe du même nom qui y formait un bon port.

V. ILES.

1° *Dans la Propontide*, on trouvait l'île de *Proconèse* (Marmara), dont les beaux marbres lui ont fait donner le nom qu'elle porte main-tenant.

2° *Dans la mer Egée, Ténédos*, en face de Troie; — *Lesbos* (Métélin), dont *Mytilène* était la capitale, et où se trouvait aussi *Méthymne*, au nord-ouest; — les *Arginuses*, célèbres par la victoire que les Athéniens y remportèrent sur les Spartiates et leurs alliés. — *Chio*, avec une capitale de même nom qui prétendait aussi avoir donné le jour à Homère, elle était renommée pour la bonté de ses vins; — *Samos*, avec une capitale de même nom : c'est la patrie de Pythagore ; — *Cos* (Stanco), elle était petite, mais fertile ; *Cos*, sa capitale donna le jour à Apelle et à Hippocrate ; — *Rhodes*, près des côtes méridionales de la Carie : c'est l'une des îles les plus puissantes et les plus fameuses de l'antiquité, et sa capitale, qui portait le même nom, fut longtemps une des premières puissances maritimes de la Grèce : c'est à l'entrée de son port qu'on voyait le fameux colosse de Rhodes ; — *Carpathos* (Scarpanto), grande île située au sud-ouest de Rhodes.

3° *Dans la mer Intérieure*, on trouvait les *îles Chélidoniennes*, très-petites et situées sur les côtes de la Lycie : elles servaient de refuge aux pirates isauriens, qui infestaient ces mers ; — *Cypre* (Chypre), l'une des plus grandes îles de la mer Méditerranée, et qui joue un rôle important dans l'histoire ancienne ; on y remarquait *Salamine* (Porto Constanza), fondée par Teucer et capitale de l'île ; *Carpasia*, au nord-est ; *Citium; Amathunte* et *Paphos*, si célèbres par le culte de Vénus, à qui toute l'île de Cypre était consacrée ; la plus élevée de ses montagnes portait aussi le nom de *mont Olympe*.

GRÈCE ET SES COLONIES.

Cette carte présente deux parties distinctes :

1° La *Grèce* proprement dite, ou péninsule hellenique ;

2° Les *colonies grecques*.

GRÈCE.

Des trois peuplades qui remontent aux plus anciens temps de la Grèce, les *Pélasges* furent d'abord les plus nombreux ; les *Curètes* se fondirent insensiblement avec les premiers et avec les *Hellènes* venus du Caucase, lesquels devinrent bientôt les plus puissants. Des colonies successives d'Egyptiens, de Phéniciens, de Phrygiens, de Crétois et de Thraces, conduites en Grèce du dix-septième au quatorzième siècle, viennent y apporter, ou du moins y développer plus puissamment la civilisation, et un peu plus tard dans les siècles héroïques, au temps de l'expédition des Argonautes, du siége de Thèbes, et surtout de la guerre nationale contre Troie, les Grecs étaient déjà parvenus à un haut degré de civilisation. — Mais l'invasion des Doriens-Hellènes, et le retour des Héraclides dans le Péloponèse, d'où ils avaient été chassés par la race phrygienne, replongent la Grèce dans la confusion et la barbarie, d'où elle ne commence à ressortir que vers le sixième et le septième siècle de l'ère chrétienne. C'est un peu après cette conquête dorienne que sont fondées, sur la côte occidentale de l'Asie-Mineure, les plus anciennes colonies grecques des Hellènes : déjà les Pélasges en avaient envoyé dans divers pays, et particulièrement dans l'Italie. — A mesure que les diverses contrées de la Grèce se civilisent de nouveau, elles adoptent la plupart le gouvernement démocratique. — Lycurgue puis Solon leur donnent des lois, le premier aux Spartiates, le second aux Athéniens. Ces deux peuples sont les plus puissants de la Grèce, qui se partage entre eux. La guerre glorieuse qu'ils soutiennent contre les Perses devient la source de leur puissance, et fait naître leur jalouse rivalité, qui se manifeste bientôt par la funeste guerre du Péloponèse, terminée par la ruine d'Athènes. Peu après les Thébains, aidés par Athènes, qui s'était un peu relevée de sa chute, et conduits par Pélopidas et Epaminondas, secouent le joug de Sparte, et dominent un instant parmi les Grecs ; mais Epaminondas meurt, et avec lui aussi tombe la puissance thébaine. — Alors Philippe, profitant de l'affaiblissement de la Grèce, la divise d'abord, et la soumet ensuite à la bataille de Chéronée, qu'il gagne sur les Athéniens et les Thébains, réunis par l'éloquence de Démosthènes. — Philippe est assassiné ; et son fils, Alexandre le Grand, entraîne la Grèce contre l'Asie, où il renverse l'empire des Perses et vient mourir à Babylone. — La Grèce, depuis cette époque, perd chaque jour de sa force et de sa grandeur ;

elle continue toujours à se déchirer elle-même ; et, malgré tous les efforts des deux ligues achéenne et ætolienne, elle succombe enfin sous les armes romaines, et est réduite en province, sous le nom d'*Achaïe.* Longtemps encore, toutefois, elle conserva l'immense influence que lui donnait sa supériorité dans les arts et les lettres.

Cette péninsule célèbre était bornée, au nord, par la *Macédoine* et l'*Illyrie* ; — à l'ouest, par la *mer Ionienne*;—à l'est, par la *mer Egée.* — Nous la diviserons en trois parties : *Grèce propre*, *Péloponése*, et *Iles.*

I. GRÈCE PROPRE.

On y trouvait, au nord, la *Thessalie* et l'*Epire*; — au sud, l'*Acarnanie*, l'*Etolie*, la *Doride*, la *Locride*, la *Phocide*, la *Béotie*, l'*Attique* et la *Mégaride.*

THESSALIE.

C'était la plus étendue de toutes les parties de la Grèce; au nord s'élèvent, vers la Macédoine, le *mont Stymphe*, les *monts Cambuniens* et le *mont Olympe*, le plus fameux de tous ceux de ce nom ; à l'ouest la *chaîne du Pinde* la sépare de l'*Epire* et de l'*Etolie;* au sud le *mont OEta* laisse entre elle et le Pinde le petit canton de la *Doride;* au centre le *mont Othrys* qui se détache du *mont Callidrome* dans la chaîne du Pinde, court au nord-est se joindre au *mont Pélion* et au *mont Ossa;* à l'est la *mer Egée* baigne ses côtes orientales et y forme le *golfe Maliaque* (golfe de Zeitoun) et le *golfe Pagasétique* (de Volo) : c'est vers le sud-est qu'on voyait le fameux défilé des *Thermopyles* par lequel on pénétrait chez les Locriens d'Oponte établis sur le territoire de la Phocide. Le *Pénée* (Salampria) en est le fleuve le plus considérable, et forme vers son cours inférieur la célèbre *vallée de Tempé*, au pied des collines du *mont Phœstus* : ce fleuve est grossi par le *Pamise* et l'*Apidanos;* au sud des monts Othrys, le *Sperchius* se rend à l'est dans le golfe Maliaque près des Thermopyles.

Les villes les plus remarquables de la Thessalie étaient, au nord du Pénée, *Azorus, Gomphi* pillée par César ; *Tricca* et *Gonni* dans la vallée de Tempé; au sud du Pénée, *Larisse* fondée par les Pélasges et ancienne capitale de la Thessalie; *Phéres* sur le *lac Bœbeis; Pharsale* où César vainquit Pompée, *Mélitée*, *Hypate*, dont les habitants s'adonnèrent à la magie, *Héraclée* sur le Sperchius, *Demetrias*, bâtie par Démétrius Poliorcète, et *Pagase* sur le *golfe pagasétique*, et où fut construit le navire Argo.

ÉPIRE.

Presque aussi étendue que la Thessalie, l'Epire était bornée au nord par l'*Illyrie*, dont la séparaient les *monts Acrocérauniens;* — à l'est, par le *Pinde;* — au sud, par l'*Etolie* et l'*Acarnanie;* — à l'ouest, par la *mer Ionienne*, qui y forme le *golfe d'Ambracie* (golfe d'Arta). — Elle était arrosée par l'*Acheloüs* (Aspro-Potamos), surnommé le roi des fleuves, et qui en était le plus considérable ; par l'*Arachtus*, l'*Achéron* et le *Cocyte*, si fameux dans la Mythologie grecque,

le *Thyamis*, le *Scamandre* et le *Xanthe*, qu'il
ne faut pas confondre avec les fleuves de la
Troade, qui portent le même nom, — En allant
du nord au sud, on y trouvait *Dodone*, si célèbre par son oracle, sa forêt et son lac sacrés ;
—*Buthrotum*, près du Scamandre ; —*Passaro;*
—*Ambracie*, capitale de Pyrrhus, et l'une des
plus belles villes de la Grèce ; — et *Nicopolis*,
bâtie par Auguste, en mémoire de la bataille
d'*Actium*.

ACARNANIE.

Ce canton, situé au sud de l'Epire, était sépa-
ré de l'Etolie par le *fleuve Acheloüs.*—On y trouvait *Actium*, sur le golfe d'Ambracie, et près de
laquelle se livra la bataille qui décida entre Antoine et Auguste. — *Amphylochicum*, très-ancienne ville, aussi sur le golfe d'Ambracie.—*As-
tacus*, vis-à-vis de l'île d'Ithaque.

ÉTOLIE.

Nous avons vu que cette partie de la Grèce
était bornée à l'ouest par l'Achéloüs;—au nord,
la chaîne du Pinde la séparait de la Thessalie et
de la Doride;—au sud-est, elle touchait à la Locride;—la mer la baignait au sud.—Dans sa partie orientale, elle est arrosée par l'*Evenus*, près
duquel se trouve le *lac Trichonis*. — Nous y
citerons *Thermus*, où les Etoliens se rassemblaient
pour élire leurs magistrats. — Et *Calydon*, que
sa forêt rendit si célèbre dans les premiers âges
de la Grèce.

LOCRIDE.

Ce petit territoire était au nord du golfe de Corinthe, entre l'Etolie, la Thessalie et la Phocide. On y trouvait *Naupactus* (Lépante) où se voyait un beau temple de Diane, et *Amphissa*, capitale des Locriens Ozoles.

PHOCIDE.

La Phocide, traversée par la *chaîne du Pinde* qui y porte les noms de monts *Parnasse* et d'*Hélicon*, était bornée, à l'ouest, par la LOCRIDE et la DORIDE, dont nous ne dirons rien ; — au nord , par les *Locriens d'Oponte;* —à l'est, par la *Béotie;* — au sud elle touchait au *golfe de Corinthe*. Le *Céphise*, qui prend sa source dans la Doride, la traversait de l'ouest à l'est. On y trouvait, au nord du Pinde, *Drymée* sur le Céphise ; *Daulis*, dont les habitants étaient renommés pour leur haute taille et leur grande force ; au sud du Pinde *Delphes* (Castri) au pied du mont Parnasse, célèbre par son temple et son oracle d'Apollon , par les jeux pythiques qui s'y célébraient tous les quatre ans, et par l'assemblée des Amphictyons qui avait lieu au printemps ; *Crissa* qui fut détruite ainsi que son port *Cyrrha*, pour avoir pillé le temple de Delphes.

C'est dans la partie septentrionale de la Phocide, et près du golfe Maliaque que s'étendait le territoire des LOCRIENS D'OPONTE, dont les principales cités étaient *Oponte*, patrie de Patrocle ; et *Thronium*, qui n'existe plus.

BÉOTIE.

C'était l'une des plus considérables parties de la Grèce : l'*Euripe* la baignait au nord est; — au nord-ouest, elle touchait aux *Locriens d'Oponte* et à la *Phocide;* — au sud, elle était bornée par le *golfe de Corinthe*, la *Mégaride* et l'*Attique.*—Le *Céphise* s'y jetait dans le *lac Copaïs*, et plus au sud l'*Asopus* coulait dans le *détroit d'Eubée.* Elle était traversée par le prolongement de la *chaîne du Pinde.* Principales villes : — *Thèbes* (Tiva), l'une des villes les plus fameuses de la Grèce, fondée par Cadmus, patrie d'OEdipe, de Pindare et d'Epaminondas, elle fut détruite par Alexandre : c'était la capitale de toute la Béotie. Le long de la côte. *Aulis*, d'où partit la flotte des Grecs contre les Troyens, — *Anthédon*, plus au nord, — au centre, *Orchomène*, l'une des plus riches villes de la Béotie : on y voyait plusieurs temples curieux et la fontaine d'Acidalie, Mithridate y fut battu par Sylla, — *Chéronée*, située comme la précédente près du lac Copaïs, c'est là que par une grande victoire Philippe soumit la Grèce, — *Coronée;* — *Thespies* consacrée aux Muses ; — *Leuctres*, où Epaminondas défit les Spartiates ; et *Platée*, où Mardonius et ses trois cent mille Perses furent vaincus par les Grecs sous Pausanias et Aristide.

ATTIQUE.

C'est la plus célèbre contrée de la péninsule Hellénique : elle était entourée presque de tous côtés par la *mer Egée* qui y formait à l'ouest la

7

mer *Saronique;* — au nord elle touchait à la *Béotie,* — à l'ouest à la *Mégaride.* — Elle était partagée
du nord au sud par le *mont Pentélique*, et le
mont Hymette, qui formait au sud le *cap Sunium :*
son plus grand fleuve était le *Céphise* qu'il ne
faut point confondre avec le Céphise qui arrose
la Béotie. — Villes principales : ATHÈNES sur le Céphise et l'*Illissus*, fondée par Cécrops, dans le
dix-septième siècle avant l'ère chrétienne, et agrandie par Thésée. C'est la plus célèbre des villes
de la Grèce et l'une des plus fameuses du monde :
c'est là qu'on admirait l'Odéon, le temple de
Thésée, le Prytanée, le temple de Jupiter Olympien, un grand théâtre de marbre blanc, et surtout le magnifique Parthénon ou temple de
Minerve, lequel renfermait la statue de la déesse,
chef-d'œuvre de Phidias ; c'est là que reçurent le
jour Solon, Socrate, Platon, Xénophon, Démosthène, Sophocle, Euripide et une foule
d'autres illustres personnages. Son port principal
était le *Pirée* joint à la ville par les *longs murs.*
— *Marathon*, où les Perses furent vaincus par
Miltiade, — *Eleusis*, célèbre par ses mystères en
l'honneur de Cérès.

MÉGARIDE.

Ce petit canton situé vers l'isthme de Corinthe,
avait pour capitale *Mégare*, souvent tributaire
d'Athènes.

II. PÉLOPONÈSE.

PÉLOPONÈSE.. Au nord, l'*Achaïe*, subdivisée
en *Achaïe propre*, *Sicyonie* et *Corinthie;* — au

centre, l'*Argolide*, l'*Arcadie*, l'*Elide*; — au sud, la *Messénie* et la *Laconie*.

ACHAÏE.

Cette contrée avait au nord, le *golfe de Corinthe* et l'*isthme* de ce nom,—à l'est la *mer Saronique;* —au sud, l'*Argolide*, l'*Arcadie* et l'*Elide*. On y trouvait : dans la CORINTHIE, *Corinthe*, l'une des premières villes grecques, elle fut détruite par les Romains l'an 146. Elle avait deux ports excellents, *Cenchrée* à l'est dans la mer Saronique, et *Lechœum* à l'ouest sur le golfe de Corinthe, — dans la SICYONIE, *Sicyone* l'une des plus anciennes villes du monde, et *Phlius* bien moins considérable, — dans l'ACHAÏE PROPRE, *Pellène* qui fut longtemps république indépendante, — *Ægium*, c'est près de cette ville que s'assemblaient les députés de la ligue achéenne. — *Patræ* (Patras), ville fort ancienne, — *Dyme* (Papas) plus à l'ouest.

ÉLIDE.

Elle était bornée à l'ouest par la mer *Ionienne*, qui y formait au sud le *golfe de Cyparissia*, et dans laquelle, plus au nord, s'avançait le *cap Chelonites;* — au nord et à l'est par l'*Achaïe* et l'*Arcadie;*—au sud par la *Messénie*. Elle était arrosée par le *Larissus*, qui la séparait de l'Achaïe, par le *Pénée* et par l'*Alphée*. — Villes remarquables du nord au sud, *Cyllène* avec un temple consacré à Esculape, — *Elis*, sur le Pénée, fleuve bien moins considérable que le Pénée de Thessalie : c'était la capitale de l'Elide, et le philosophe Pyrrhon y reçut le jour, — *Pylos*, qui fut bientôt presque abandonnée , — *Pise* qui fonda Pise en Italie, — *Olympie*, sur l'Alphée, si fameuse par les jeux olympiques qui s'y célébraient tous les quatre ans, en l'honneur de Jupiter Olympien dont le temple était un des plus beaux de la Grèce.

ARCADIE.

Cette contrée, très-montueuse, occupait le centre du Péloponèse ; — au nord , le *mont Cyllène* la séparait de l'Achaïe ; — à l'ouest, elle était bornée par l'*Elide* ; — au sud, par la *Messénie* et la *Laconie*, vers laquelle s'élève le *mont Ménale* ; — à l'est, elle touchait à l'*Argolide* ; — elle était arrosée par l'*Alphée* (Roufia), et ses affluents l'*Erymanthe* et le *Ladon*. — Villes principales : — à l'est de la chaîne centrale, *Orchomène* ; — *Mantinée*, où périt Epaminondas, vainqueur des Lacédémoniens ; — *Tégée*, où se trouvait un temple de Minerve, dans lequel Pausanias mourut de faim ; — à l'ouest, *Mégalopolis*, bâtie par le conseil d'Epaminondas, après la bataille de Leuctres : c'est la patrie de Philopœmen et de Polybe ; — *Hérée*, sur l'Alphée et le Ladon ; — et plus au nord, *Caphyes*.

ARGOLIDE.

Bornée au nord par la *mer Saronique*, et les territoires de *Corinthe* et de *Sicyone* ; — à l'ouest, par l'*Arcadie* ; — au sud, par la *Laconie* ; — à

l'est, par le *golfe d'Argos* et la *mer Saronique ;*
— elle était arrosée par l'*Inachus*, qui coule
dans le golfe d'Argos. — On y remarquait *Argos*,
fondée par Phoronée, dit-on, dans le 20ᵉ siècle
avant J.-C. ; elle possédait un grand nombre de
beaux édifices ; --- *Mycène*, fondée par Persée ;
— au sud-est, *Epidaure*, sur la mer Saronique,
et si célèbre par son temple d'Esculape ; —
Trézène, plus au sud-est encore.

LACONIE.

Bornée au nord par l'*Argolide* et l'*Arcadie ;*
— à l'ouest, par la *Messénie* et le *golfe* de ce
nom ; — au sud, par le *golfe de Laconie ;* — à
l'est, par la *mer de Myrtos* et le *golfe d'Argos ;*
— au sud, s'avançaient dans la mer le *cap Ma-
lée*, et le *cap Ténare* (Matapan), extrémité méridionale du mont *Taygète*. — L'*Eurotas* (Vasili-
Potamos) la parcourt du nord-ouest au sud-est.
On y remarquait SPARTE ou LACÉDÉMONE, la fameuse rivale d'Athènes, bâtie sur l'Eurotas, environ un demi-siècle après la fondation d'*Argos;*
— au nord, *Sellasie*, où Cléomène, dernier roi
de Sparte, fut vaincu par Antigone ; — au sud,
Amyclée, célèbre par son temple d'Apollon ; —
Hélos, dont les habitants furent réduits par les
Spartiates au plus dur esclavage ; — et *Gythium*,
qui servait de port à Lacédémone.

III. ILES.

On peut les classer en :
Iles de la mer Ionienne, à l'ouest ;

7.

Iles de la mer de Crète, au sud ;
Les de la mer Egée, à l'est.

Iles de la mer Ionienne, à l'ouest.

Les principales, en commençant au nord, étaient : *Corcyre* (Corfou), habitée d'abord par les Phéaciens, et ensuite par les Corinthiens, qui y bâtirent *Corcyre*, presqu'en face de Buthrotum ; — *Leucade* (Sainte-Maure), près des côtes de l'Acarnanie, avec une ville du même nom. C'est du haut d'un rocher de cette île que les amants malheureux se précipitaient dans la mer pour oublier leurs amours ; — *Ithaque* (Théaki), royaume d'Ulysse ; — *Céphalénie* (Céphalonie), vis-à-vis du golfe de Corinthe ; sa capitale s'appelait *Same*; — *Zacynthe* (Zante), près de l'Elide, avec une ville de même nom ; — plus au sud, on trouvait successivement les *Strophades*, *Proté*, *Sphactérie*, les *Ænusses*, etc.

Iles de la mer de Crète, au sud.

C'étaient *Cythère* (Cérigo), à l'entrée du golfe de Laconie, avec une ville du même nom ; fameuse par le culte de Vénus ; — *Ægilie;* — l'île de *Crète* (Candie), la plus grande de toutes les îles de la Grèce : elle était traversée par une longue chaîne de montagnes que dominait le *mont Ida*, sur lequel Jupiter, dit-on, fut nourri ; — le *Léthée*, qui coulait au sud, en était le plus grand fleuve. Ses principales villes étaient *Cydonie* et *Cnosse*, au nord; *Gortyne*, au sud : c'est près de cette dernière ville que se trouvait le fameux Labyrinthe qui existe encore. Gortyne n'est plus qu'un village, appelé *Novi Castelli*.

Iles de la mer Egée, à l'est.

En remontant vers le nord, on trouvait : — les CYCLADES, qui presque toujours suivirent les destinées d'Athènes. Les plus remarquables étaient : *Théra* (Santorin), *Pholegandros* (Policandro), *Ios* (Nio), où Homère mourut ; *Siphnos* (Sifanto), elle renfermait des mines d'or et d'argent; *Scriphe* (Serfo), dont les habitants furent, disent les prêtres, changés en pierres par Persée ; *Cythnos* (Thermia), célèbre par ses pâturages ; *Céos* (Zia), très-fertile, et patrie du poëte Simonide ; *Hélène* (Macronisi), près du cap Sunium ; *Andros* (Andro), l'une des plus considérables et des plus riches ; *Ténos* (Tina), qui touche presque à la précédente; *Syros* (Syra); *Mycone* (Miconi) ; et tout auprès, la petite *île de Délos*, si fameuse par les fêtes qui s'y célébraient en l'honneur d'Apollon et de Diane ; *Oléaros* (Antiparos), avec une belle et profonde caverne ; *Paros* (Paro), célèbre par ses marbres blancs ; *Naxos* (Naxie), la plus grande et la plus belle des Cyclades ; *Amorgos*, et plus loin *Astypalée* (Stampalia), riche et fertile.—Plus à l'est, on voyait les *Sporades*, qui dépendent de l'Asie-Mineure, et dont nous avons décrit les principales dans la carte précédente. — Sur les côtes du Péloponèse, *Hydrea; Calaurie* (Poro), où Démosthène s'empoisonna ; — *Egine* et *Salamine* (Coulouri), dans la mer Saronique ; —

—l'*Eubée* (Négrepont), la plus grande des îles grecques après l'île de Crète : on y trouvait, au nord, *Histiée* ou *Orée*; au centre, *Chalcis*, près de l'Euripe ; et *Erétrie*, fondée par les Athéniens ; — plus au nord-est, *Scyros* (Skiro), où fut élevé Achille, et qu'habitaient les pirates Dolopes ; — *Scopélos*, *Halonnèse*, *Eudémia*, et quelques autres, forment un groupe vers le golfe Pagasétique ; *Lemnos* (Stalimène), consacrée à Vulcain, qui y tomba du ciel ; —*Imbros*; — *Samothrace* (Samothraki), on dit que c'est la patrie du fameux critique Aristarque ; — et *Thasos* (Tasso), tout à fait au nord; elle était très-fertile, et possédait des mines d'or et d'argent.

Au nord de la Grèce, s'étendaient de l'ouest à l'est, l'*Illyrie* et la *Macédoine*, et à l'est de celle-ci, la *Thrace*. Ces trois pays étaient quelquefois compris dans la Grèce, sous le nom de *Grèce septentrionale*.

ILLYRIE.

La portion de cette grande contrée, qui paraît avoir été comprise dans la Grèce, ne s'étendait point au delà du fleuve *Genusus* (Scombi); — l'*Aoüs* (Voïussa), la parcourt du sud-est au nord-ouest, et les *monts Acrocerauniens*, la séparent de l'Epire. — Villes principales : *Aulon*; et plus au nord *Apollonie*, fondée par les Corinthiens et longtemps florissante.

MACÉDOINE.

A l'ouest, elle touchait à l'*Illyrie* ; — au sud,

les *monts Cambuniens* la séparaient de la *Thessalie;* — au sud-est, la *mer Egée* formait sur ses côtes les golfes *Thermaïque* (de Salonique); de *Torone; Singitique; Strymonique* (de Contessa); et *Pierique;* — au nord-est, elle était bornée par la *Thrace;* — on ne connaît point exactement ses limites septentrionales. — Elle était arrosée par l'*Haliacmon* (Indgé Carasou); l'*Axius* (Vardar), grossi de l'*Erigon;* et le *Strymon :* le *Nestus* (Nissava) la séparait de la Thrace. — Entre les golfes Thermaïque et Piérique, s'élevaient le *mont Cissus;* le *mont Athos* (Monte Santo); et le *mont Pangée*. — Ses villes les plus remarquables étaient : *Pella* qui devint la capitale de la Macédoine, sous Philippe et Alexandre le Grand, qui y reçut le jour; elle était située près d'un marais profond; — *Edesse*, capitale de la Macédoine, avant que Pella l'eût remplacée, elle fut fondée par Caranus; — plus à l'ouest, *Lychnide*, sur le lac de ce nom; — *Argos Oresticum*, sur un lac; *Beræe*, sur l'Haliacmon; — *Dium*, au pied du mont Olympe, sur le bord de la mer; — ainsi que *Pydna*, où Paul-Emile mit fin au royaume de Macédoine par la grande victoire qu'il remporta sur Persée; — au fond du golfe Thermaïque, *Thessalonique* (Salonique), qui, sous les Romains, fut la métropole de la Macédoine, on l'appelait d'abord *Therma;* — *Olynthe*, ruinée par Philippe; — *Potidée*, plus tard *Cassandre :* elle fut longtemps tributaire des Athéniens; — *Torone;* — *Apollonie;* — *Stagyre*, où naquit Aristote; — *Amphipolis* (Jeni-Keni), à

l'extrémité du *lac Cercine*, sur le Strymon : c'é-
tait l'une des plus puissantes colonies d'Athènes;
— *OEsime*, au pied du mont Pangée ; — *Pha-
gres*, sur le golfe Piérique ; — et *Philippes*, célèbre par la défaite de Brutus et de Cassius.

THRACE.

Dans cette vaste contrée, située au nord-est
de la Macédoine, et que parcourt le *mont Rhodope*, on voit couler vers le sud le *Nestus* et
l'*Hèbre* (Maritza), si célèbre par la mort d'Or-
phée : il traversait à travers d'étroits défilés le
Rhodope qui formait au sud-est le *mont Sarpédon*. — Villes principales : *Abdère*, patrie de
Démocrite ; — *Maronée* ; — *Mésembrie* ; —
Ænos, près du *cap Sarpédon*, à l'entrée du lac
ou *golfe Stentor* ; — *Cardie*, ville remarquable
à peu de distance du *golfe Melanès* ; — *Sestos*,
bâtie en face d'*Abydos*, sur l'Hellespont, dans
la *Chersonèse* de Thrace ; c'est un peu plus loin,
au nord-est, que coulait le petit ruisseau d'*Æ-
gos-Potamos*, à l'embouchure duquel le spar-
tiate Lysandre remporta sur les Athéniens la
victoire décisive qui termina la guerre du Péloponèse ; — sur la Propontide, *Périnthe* puis
Héraclée ; — et plus loin *Byzance* (Constantinople).

COLONIES GRECQUES.

Les colonies Grecques peuvent se classer aisément de la manière suivante :
Colonies Pélasgiennes ;
Colonies Éoliennes ;
Colonies Ioniennes ;
Colonies Doriennes ;
Colonies Achéennes ;
Colonies des Crétois.

1° COLONIES PÉLASGIENNES.

Le fond de la population primitive de l'Arcadie se composait d'anciens Pélasges. — Parmi les colonies que ces premiers dominateurs de la Grèce fondèrent, nous citerons : — à l'est, dans l'île de Cypre, *Salamine; Tarse*, et les îles d'*Imbros* et de *Lemnos*, où ils s'établirent ; — à l'ouest, *Dodone*, et *Buthrotum*, dans l'Épire ; quelques cantons de la *Messapie* et de l'*Apulie; Possidonia* ou *Pœstum;* et *Circœum*, dans la Grande-Grèce ou Italie Inférieure ; *Caralis*, dans la Sardaigne; et *Cephalœdis*, sur la côte septentrionale de la Sicile.

2° COLONIES ÉOLIENNES.

Les Éoliens, qui prédominaient anciennement dans la *Phocide*, la *Locride*, l'*Étolie*, l'*Élide*, et dans quelques parties de *la Macédoine*, fondèrent, dans le douzième siècle avant l'ère chrétienne, douze villes sur la côte occidentale de l'Asie-Mineure ; les principales furent *Halicar-nasse*, dans la Carie, *Smyrne*, *Cumes* et *Magnésie* dans la Lydie ; mais ces villes leur furent enlevées, la première par les Doriens ; les deux autres par les Ioniens. — Les Eoliens occupèrent encore les îles de *Ténédos*, d'*Hécatonèse* et de *Lesbos*, dans laquelle ils bâtirent *Methymne* et Mitylène, qui devint leur métropole. — Ils s'étendirent sur les côtes de la Mysie et de la Troade, depuis l'embouchure du *Caïque*, dans le *golfe d'Elée*, jusqu'à *Cyzique*, sur la Propontide, dans la *presqu'île des Dolions*.

Sur les côtes de la Thrace, ils bâtirent *Sestos* sur l'Hellespont ; puis *Ænos*, près du cap Sarpedon.

Dans l'Italie Inférieure, ils fondèrent *Petilia*, près du golfe de Tarente ; *Locri* ou *Locres*, à l'est du détroit de Sicile ; *Hipponium*, en face des îles Eoliennes ; *Cumes* et *Naples*, dans la Campanie ; *Tibur*, dans le Latium, et *Pise* beaucoup plus au nord.

3° COLONIES IONIENNES.

Elles furent les plus importantes et les plus nombreuses de toutes les colonies grecques Les plus anciennes furent fondées sur la côte occidentale de l'Asie-Mineure, un peu après que les Eoliens s'y furent établis. Les principales étaient : *Phocée*, *Erythrée*, *Clazomène*, *Chalcis*, *Teos*, *Myonnesus*, *Lebedos*, *Colophon*, *Ephèse*, *Priène*, *Myus* et *Milet* ; mais parmi toutes ces villes, les plus puissantes furent Milet, Phocée, Ephèse, et Smyrne, enlevée aux Eoliens, ainsi que *Cumes* et *Magnésie*.

Les Ioniens occupèrent encore les îles de *Chios*, de *Samos* et le plus grand nombre des *Cyclades* : leur mère-patrie étaient surtout l'*Attique* et l'*Eubée*.

Le long des côtes de la Propontide et du Pont-Euxin, ils fondèrent *Lampsaque*, *Cyzique*, *Chalcédoine*, *Sinope*, *Amisus*, *Cotyore*, *Ccrasus*, *Trapezus*, *Phasis*, *Dioscurias*, *Phanagorie*, *Tanaïs*, *Panticapée*, *Théodosia* (Caffa), *Olbia*, *Tomi*, *Odessus* (Varna), *Byzance*, (Constantinople) et *Périnthe*, plus tard *Héraclée*.—Presque toutes ces colonies, et un grand nombre de celles que nous allons encore nommer, devaient leur origine à MILET.

Sur les côtes méridionales de la Thrace et de la Macédoine, les Ioniens fondent : *Cardie*, *Mesembrie*, *Maronée*, *Abdère*, *Amphipolis*, *Torone* et *Pydna*. — Ils occupent encore *Thasos* et *Samothrace*; et plus bas *Sciothos*, *Péparèthe* et *Scyros*; et plus au sud encore, ils fondent, en Egypte, la ville de *Naucratis*.

En Sicile, les colonies ioniennes sont : *Leontium*, *Catane*, *Naxos*, *Tauromenium* et *Zancle*, plus tard occupée par les Doriens, qui lui donnent le nom de *Messana* (Messine).

En Italie, les Ioniens fondent *Scylacium*, sur la côte orientale, au sud du golfe de Tarente ; et *Elée*, dans la Lucanie, à l'ouest, vers le cap Palinure.

Dans la Sardaigne, la Corse, et dans la Gaule méridionale, les Ioniens de PHOCÉE vont fonder *Olbia*, *Aléria*, MASSILIA (Marseille), 600 ans

8

avant Jésus-Christ, *Nice*, *Antibes*, *Cavaillon*, *Nîmes*, *Agde* et *Ampurias* en Espagne ; de toutes ces colonies, Marseille fut la plus fameuse.

4° COLONIES DORIENNES.

A l'époque où les Doriens fondèrent leurs premières colonies, ils dominaient dans la *Mégaride*, la *Corinthie*, la *Sicyonie*, l'*Argolide*, la *Laconie* et la *Messénie*. :

Ils s'établissent dans le douzième siècle avant Jésus-Christ, sur les côtes de la Carie, depuis le *golfe Jasique*, jusqu'en face de Rhodes, même plus à l'est. — Ils y occupent entre autres villes, *Myndus*, *Halicarnasse*, qu'ils arrachent aux Éoliens ; et *Cnide*, plus au sud — Presque toutes les *Sporades* sont colonisées par eux, telles que *Pathmos*, où fût relégué saint Jean ; *Cos*.— Et dans la grande île de *Rhodes*, ils fondent *Jalyssos*, *Camyre*, et *Linde*. — L'île de *Carpathos* leur appartient, et aussi *Astypalée*.—Dans l'île de Crète, *Cnosse*, *Gortyne*, *Cydonie*, etc., sont fondées ou agrandies par eux.

Sur la côte occidentale de la Grèce, les colonies doriennes sont, en remontant, *Céphalénie*, *Leucade*, *Corcyre* (colonie de Corinthe) ; et, sur le continent, *Ambracie* et *Apollonie*.

Dans la Grande-Grèce, ils fondent *Brundusium*, *Tarente*, *Metapuntum*, *Héraclée*, *Rhégium*. — En Sicile, à l'est, *Casmène*, SYRACUSE (colonie de Corinthe), *Hybla*, *Messana* (Messine), auparavant *Zancle*, colonie ionienne ; — au nord, *Mylæ*, *Tyndaris*, *Himera*; et *Lipara*, dans l'île de ce nom ; — au sud-est, *Selinonte*, *Agrigente*, *Gela*, *Camarina*.

Sur la côte d'Afrique, les Doriens fondent ou agrandissent *Cyrène*, qui donne à son tour naissance à *Apollonie*, qui lui sert de port ; à *Barce* et à *Tenchira*. — Enfin, ceux de Rhodes fondèrent *Rhodes* (Roses), près d'Ampurias, en Espagne.

5° COLONIES ACHÉENNES.

Les Achéens fondent à l'occident de la Grèce, en Épire, les villes de *Dodone* et de *Buthrotum ;* — dans l'Italie-Inférieure, *Lucéria*, *Argos-Hippium*, *Venusia*, dans l'Apulie ; *Bénévent*, dans la Campanie ; — *Caulon*, CROTONE et SYBARIS (depuis *Thurii*), dans le Brutium.

6° COLONIES DES CRÉTOIS.

Quelques colonies, parties de l'île de Crète, vont s'établir à *Hidruntum* et à *Salente*, dans la partie de la Grande-Grèce, appelée Messapie ; — en Sicile, sur la côte du sud-ouest, à *Heraclea-Minoa*, entre Agrigente et Sélinonte.

A cause des nombreux rapports qu'eurent les Grecs avec les Phéniciens, nous avons marqué dans notre carte les principales colonies de *Tyr* et de *Sidon*, savoir : sur les côtes d'Afrique, *Utique* ; CARTHAGE, l'implacable et malheureuse rivale de Rome ; *Adrumète*. — En Sicile, *Lilybæum*, *Motya* et PANORME (Palerme). — Ils occupèrent aussi les îles de *Gaulos* et de *Melita* (Malte).

ITALIE ANCIENNE.

On divise ordinairement l'Italie en quatre parties distinctes, savoir :

1° *Italie supérieure* au nord, depuis les *Alpes* jusqu'au fleuve *Macra* (la Magra) à l'ouest, et jusqu'au *Rubicon* (Fiumesino) à l'est ;

2° *Italie du milieu*, au centre, depuis le *Rubicon* et la *Macra* jusqu'au *Frento* dans la mer Adriatique et jusqu'au *Silarus* (le Selo) qui coule dans le golfe de Pœstum ;

3° *Italie inférieure* ou *Grande-Grèce*, au sud depuis le *Frento* et le *Silarus*, jusqu'aux extrémités méridionales de la presqu'île ;

4° Les *îles* dont les principales sont là *Corse*, la *Sardaigne* et la *Sicile*.

1° ITALIE SUPÉRIEURE.

Bornes : A l'ouest et au nord les *Alpes;* — à l'est la *mer Adriatique* ou *supérieure* qui y forme le *golfe de Tergeste* (de Trieste), — au sud l'*Italie du milieu*, et le *golfe Ligustique* (golfe de Gênes). — Divisions : quatre parties, la *Vénétie* au nord-est, la *Gaule cisalpine transpadane* au-delà du *Padus* (Pô), la *Gaule cisalpine cispadane* en deçà du même fleuve, et la *Ligurie* au sud-ouest. — Ainsi ces belles contrées comprenaient l'étroite bande de terres qui s'étend au sud de l'*Apennin septentrional*, la grande vallée du *Padus*, et les vallées moins considérables de l'*Athésis* (Adige), de la *Brintesia* (Brenta), du

Piavis (la Piave), du *Tilaventus* (Tagliamento),
et du *Sontius* (l'Isonzo). — Le Padus recevait au
nord le *Ticinus* (Tésin) qui traverse le *lac Ver-
bannus* (Majeur), l'*Addua* (l'Adda) qui coule à
travers le *lac Larius* (de Côme), l'*Ollius* (Oglio)
qui traverse le *lac Sabinus* (d'Iseo) ; et le
Mincius (Mincio) qui sort du *lac Benacus* (de
Garde).— C'est cette suite de lacs et non les Alpes,
qui séparaient réellement l'Italie supérieure de
la *Rhétie*.—Au midi, le Padus était grossi par le
Tanarus (Tanaro) et par la *Trébia*, si funeste
aux Romains.

Villes principales : dans la Vénétie, *Tergeste*,
(Trieste), *Pola* (Sola), *Aquileia*, détruite par
Attila, *Altinum* (Altino), et tout à fait à l'est,
OEmona (Laybach) près du *Savus* (la Save). —
Dans la Gaule cisalpine transpadane,— *Pata-
vium* (Padoue) l'une des plus puissantes d'Italie,
Vicencia (Vicence), *Verona* (Vérone) sur l'A-
thésis, *Adria* qui donna son nom à la mer Supérieure, *Mantua* (Mantoue) berceau de Virgile,
Cremona (Crémone), *Mediolanum* (Milan), considérable de bonne heure, *Ticinum* (Pavie) qui
devint la capitale des Lombards, *Novaria* (No-
vare), *Vercellæ* (Verceil) : c'est dans les plaines
de cette ville que Marius extermina les Cimbres,
Cottiæ (Cozzo), *Augusta-Taurinorum* (Turin),
et *Augusta Prætoria* (Aoste).—Dans la Gaule cisalpine cispadane, — *Placentia* (Plaisance), *Florentia* (Fiorenzuola), *Parma* (Parme), *Mutina*
(Modène), *Bononia* (Bologne), *Forum Cornelii*
(Imola), *Cesena*, et *Ravenna* (Ravenne), sur
l'Adriatique, qui devint fameuse dans le moyen-âge.

8.

—Dans la Ligurie,—*Apua*, sur la Macra, *Litubium*, *Dertona* (Tortone), *Asta* (Asti), sur le Tanarus, ainsi que *Alba Pompœia* (Alba), où l'empereur Pertinax reçut le jour, *Augusta Vagiennorum*(Vico),*Aquæ Statielæ*,—et sur la côte du golfe Ligustique, *Albium Intemelium* (Vintimille), *Albium Ingaunum*, et *Genua* (Gênes), la plus belle et la plus commerçante cité de la Ligurie.

Presque tous les peuples qui habitaient les pays que nous venons de parcourir, étaient de race celtique ou gauloise, ce qui fit donner le nom de Gaule cisalpine à la plus grande portion de l'Italie supérieure. Aujourd'hui cette partie de l'Italie comprend presqu'en entier le Piémont, la Savoie, Gênes, le royaume Lombard-Vénitien et les petits duchés de Parme et Plaisance, de Modène, etc.

2° ITALIE DU MILIEU.

Cette partie de l'Italie était bornée au nord par la *Gaule cisalpine* et la *Ligurie* dans l'Italie supérieure;—au nord-est, par la *mer Adriatique*,—à l'est par l'*Apulie* et la *Lucanie* dans la Grande-Grèce,—au sud-ouest par la *mer Tyrrhénienne* ou *mer inférieure* qui formait le *golfe de Pœstum* (Salerne), le *golfe du Cratère*, (de Naples) et le *Golfe de Cajeta* (Gaete). — Elle est irrégulièrement traversée du nord-ouest au sud-est par l'*Apennin central*, et vers le sud, entre les golfes du Cratère et de Pœstum, s'élève le *Vésuve* dont les laves engloutirent à la fois *Herculanum* et

Pompeï, l'an 79 de l'ère chrétienne; c'est dans cette éruption que périt Pline l'ancien. Dans la mer Tyrrhénienne coulent l'*Arnus* (Arno), l'*Umbro* (Ombrone); le *Tibre* qui reçoit à gauche l'*Anio* (Teverone) et qui est le plus grand fleuve de l'Italie après le Padus; plus au sud, le *Liris* (Garigliano) qui prend sa source tout près du *lac Fucinus* (de Celano) et forme à son embouchure de vastes marais, et le *Vulturne* (Volturno). —Les fleuves qui coulent dans la mer Adriatique sont moins considérables : c'est en remontant vers le nord et depuis le Frento, le *Tifernus*, le *Sagrus*, l'*Aternus*, l'*Helvinum*, le *Truentus*, le *Floris*, l'*Aisis* et le *Rubicon*, dont presque tous les noms modernes rappellent les noms anciens. Outre le *lac Fucinus* on voyait encore le *lac de Vulsinium* (Bolsena) et le lac de *Trasimène*, rendu si fameux par la sanglante défaite des Romains.

Divisions : — l'*Etrurie*, le *Latium*, la *Campanie*, à l'ouest de l'Apennin ; à l'est, le *Samnium*, le *Picenum;* et l'*Ombrie*, qui s'étendait aussi au sud des mêmes montagnes.

Villes principales : — dans l'Etrurie, —*Luna* (Lunégiane); *Luca* (Lucques); *Pisæ* (Pise), sur l'Arnus; elle devint très-puissante; *Fæsulæ* (Fiézoli), détruite par Attila : *Florentia* (Florence), sur l'Arnus : elle est devenue célèbre ; *Arretium* (Arezzo), patrie de Mécène ; et *Bituriza* tout auprès : ces deux villes étaient aussi sur l'Arnus. *Volaterræ*, où naquit le poëte Perse; *Vetulonii*, détruite; *Rusellæ;* — au nord-est, *Cortona*, fondée par les Ombriens ; *Perusia*, sur le Tibre ; fameuse par la guerre entre Antoine et Octave , *Clusium* (Chiusi) , l'une des plus puissantes de l'Etrurie ; c'est au centre du triangle formé par Cortona , Perusia et Clusium, que se trouvait le *lac de Trasimène ; Vulsinium* (Bolsena), sur le lac de ce nom; *Cosa; Tarquinii* , patrie de Tarquin. *Centum-Cellæ* (Civita-Vecchia) , bâtie par Trajan; *Falerii* ou *Falisci*, près du Tibre ; les Romains la soumirent difficilement ; et *Veii*, sur le Tibre ; la plus considérable de l'Etrurie, et qui , pendant deux siècles, se montra la rivale de Rome : aujourd'hui l'Etrurie se nomme Toscane. — Dans le Latium : — ROME , qui peu après sa fondation en devint la capitale , et bientôt celle de l'Italie et du monde méditerranéen ; elle est située sur le Tibre. Elle comprenait, dans sa vaste enceinte, sept collines considérables ; et le nombre de ses habitants s'éleva, dit-on, sous les empereurs, à 3 millions. Elle était pleine aussi de monuments magnifiques , dont on peut encore aujourd'hui admirer les restes : *Ostia* , à l'embouchure du Tibre, lui servait de port. *Fidenæ* , plus ancienne que Rome, et longtemps en guerre avec elle . c'était une colonie d'*Albe la longue* , qui était située un peu au sud-est de Rome, et qui fut entièrement rasée par les Romains. *Cures* , capitale du pays des Sabins , et patrie de Numa-Pompilius ; *Reate* , qui remplace Cures. *Carseoli* (Civita-Carentia), encore dans le pays des Sabins. *Tibur* (Tivoli), sur l'Anio, lieu de plaisance de Rome, où fut reléguée la célèbre Zénobie, reine de Palmyre ; *Tusculum* (Frascati), autre lieu de plaisance de Rome , rendu fameux par le séjour de l'opulent Lucullus et de Cicéron, qui y écrivit ses Tusculanes. *Præneste*, où Marius se fit donner la mort ; *Anagnia*, capitale des Herniques ; *Antium*, dans le pays des Volsques ; et *Minturnes*, dans le pays des Aurunces : c'est dans ses marais que se cacha Marius.—Dans la Campanie :-- *Capoue*, sur le Vulturne, la plus belle ville d'Italie après Rome : Annibal vint y établir son séjour après sa grande victoire de Cannes ; *Neapolis* (Naples), auparavant *Parthenope*, devenue l'une des premières villes de l'Europe : c'est près de Naples qu'est le tombeau de Virgile. — Tout près de Naples , *Herculanum* et *Pompeii*, ensevelies sous les laves du Vésuve, l'an 79 de notre ère. — De l'autre côté du Vésuve, *Nucérie ;* et *Salerne*, colonie considérable de Rome. — Dans le Samnium : — *Beneventum* (Bénévent), au nord du Vésuve ; on y voit de beaux restes d'antiquités ; *Aquilonia*, au nord-est, et *Bovianum*, au nord-ouest de Bénévent ; *Æsernia*, à la source du Vulturne ; *Histonium, Auxanum , Teatæ*, sur le bord ou près de la mer : la dernière était la capitale des Marrucini ; *Corfinium* , sur l'Aternus, comme la précédente ; et *Marrubium*, sur le lac Fucinus : on en trouve encore quelques ruines. — Dans le Picenum : — *Prifernum, Pinna* et *Hadria*, patrie de l'empereur Adrien, et la plus considérable du Picenum ; *Amiternum*, patrie de Salluste ; *Interamna, Asculum* (Ascoli) ; considérable sous les Romains ; *Firmum* (Fermo), patrie de Lactance ; enfin *Ancona* (Ancône), ville fort ancienne, déjà très-remar

quable sous la domination romaine : on estimait
beaucoup ses étoffes teintes en pourpre.

Cette partie de l'Italie répond aujourd'hui : la
Campanie à la *terre de Labour;* le Latium à la
campagne de Rome; l'Etrurie à la *Toscane;*
l'Ombrie à une partie de la *Romagne* et du *Pé-
rousin;* le Picenum à la *marche d'Ancône;* et
le Samnium à une partie de la *terre de Labour.*

3° ITALIE INFÉRIEURE ou GRANDE GRÈCE.

Cette partie de la péninsule italique répond
aujourd'hui à la partie méridionale du royaume
de Naples. On l'appelait *Grande-Grèce,* à cause
du grand nombre des colonies grecques qui s'y
étaient établies. —Elle était bornée, au nord-est,
par la *mer Adriatique,* qui y formait le *golfe
Urias* (de Manfredonia), un peu au sud du
promontoire Garganum (cap Viesti); au sud-
est, par la *mer Ionienne,* depuis le *promontoire
Japygium* (cap Santa-Maria di Leuca), jusqu'au
détroit de Sicile : cette mer y formait le *golfe de
Tarente* et le *golfe de Scylacium* (de Squillace);
— au sud-est, par la *mer Inférieure* ou *Tyrrhénienne* (de Toscane), qui y formait le *golfe
d'Hipponium* ou *de Vibo* (de Santa-Euphémia);
et le *golfe de Laus* (de Policastro). — Nous
savons déjà qu'à l'ouest, le Silarus et le Frento
séparait la Grande-Grèce de l'Italie du milieu.—
Des principales ramifications de l'*Apennin,* qui
parcourent l'Italie-Inférieure, coulent dans la
mer Tyrrhénienne, le *Métaure* (Metaro); —

l'*Achéron*, qui n'existe plus : il passait à Sybaris ; et le *Siris* (le Semno) , dans le golfe de Tarente ; — enfin l'*Aufidus* (Ofanto), si fameux dans les annales romaines.

Divisions : l'*Apulie* au nord ; au sud la *Messapie*, la *Lucanie* et le *Brutium*.

Principales villes. — Dans l'Apulie, — *Sipuntum*, aujourd'hui entièrement détruite, *Luceria* (Lucera) considérable, et fondée par Diomède; *Venusia* (Venosa) patrie d'Horace et la plus remarquable de l'Apulie; *Cannes* sur l'Aufidus , c'est tout près de cette ville et à la gauche du fleuve qu'Annibal fit éprouver aux Romains leur plus sanglante défaite; *Butuntum* où l'on voit encore des restes d'antiquités. —Dans la Messapie, *Brundusium* (Brindes), c'est là où on s'embarquait pour passer en Grèce : Virgile y est mort; *Hidruntum* (Otrante) sur l'Adriatique ; *Tarente*, dans le golfe de ce nom : c'était la plus considérable de la Messapie. — Dans la Lucanie, —*Grumentum*, très-puissante, et *Heraclée*, patrie de Zeuxis, et près de laquelle Pyrrhus battit les Romains; plus au sud *Nérulum*, puis *Sybaris*, long-temps l'une des plus florissantes de l'Italie, elle fut détruite par ceux de Crotone, puis rebâtie sous le nom de *Thurium*. —Dans le Brutium, *Crotone*, la puissante rivale de Sybaris : elle fut ravagée par Pyrrhus; *Scylacium*, et plus bas, —*Caulon*, détruite par Denys-l'Ancien, tyran de Sicile; *Rhégium* (Reggio), sur le détroit de Sicile, elle devint l'une des plus fortes de l'Italie; enfin *Hipponium* ou *Vibo* (Bivona), dans le golfe de ce nom.

4° ILES.

Nous les décrirons dans l'ordre suivant :

La *Sicile* au sud avec les petites îles qui l'entourent ;

La *Sardaigne* et la *Corse* à l'ouest ;

Les *petites îles* qui se trouvent le long de la côte de l'Italie du milieu dans la mer Tyrrhénienne.

SICILE.

Cette grande île n'est séparée de l'Italie que par le *détroit de Sicile* (Phare de Messine) ; elle forme un triangle irrégulier dont l'un des côtés fait face au nord, l'autre à l'est, et le troisième au sud-ouest. Elle est traversée de l'ouest à l'est par la chaîne des *monts Nebrodes* et des *monts Heræi* : sur la côte orientale s'élève le fameux *volcan de l'Etna*. Principaux fleuves : à l'est, le *Symætus* (Chryso-Potamo), et l'*Anapus* ou Alphée, tout près de Syracuse ; au sud l'*Himera* (Salso), et l'*Hypsa* (Belici) ; au nord encore l'*Himera*. Villes principales : à l'est, *Syracuse*, l'une des plus fameuses du monde et capitale de la Sicile : c'est la patrie d'Archimède qui la défendit vainement contre le consul Marcellus ; *Catane*, au sud de l'Etna, elle fut aussi l'une des premières villes de la Sicile ; *Messana* (Messine) encore aujourd'hui fort considérable. — Au nord *Panormus* (Palerme) aujourd'hui capitale de la Sicile ; *Drepanum*, où mourut, dit-on, le vieil Anchise ; — au sud *Lilybæum* (Marsalla), longtemps au pouvoir des Carthaginois, qui l'avaient fondée, elle était très-forte; *Agrigente* (Girgenti-Vecchio), la plus célèbre après Syracuse; c'est la patrie du philosophe Empédocle.

Au sud de la Sicile on trouve MELITA (Malte) et *Gaulos* (Gozzo), qui est tout auprès; *Cossyre* (Pantellaria), on pense que c'est l'île de Calypso, d'autres placent celle-ci un peu au sud de Crotone. A l'ouest on trouve les îles ÆGADES ou Ægates ou Æguses, célèbres par la grande défaite que le consul Catulus y fit éprouver aux Carthaginois; au nord les ÎLES D'EOLE ou de Vulcain : les deux plus remarquables sont *Lipara* et l'île de Vulcain.

SARDAIGNE.

La Sardaigne, située au nord-ouest de la Sicile et presque aussi grande, avait pour principales villes, au sud *Caralis* (Cagliari), au fond du *golfe de Caralis*; au nord, *Libyssonis-Turris* (Porto de Torre). Principaux fleuves : à l'est, le *Sæprus*; à l'ouest, le *Thyrsus* (Thyrso); ces deux fleuves descendaient des *monts Ensani* qui traversent l'île du nord au sud.

CORSE.

Le *détroit de Taphros*, aujourd'hui (Bouches-de-Bonifacio), sépare cette île de la précédente. Au nord, elle formait le *promontoire Sacré* (cap Corse); à l'est, se trouvait sur le *Rhotanus*, *Aleria*, fondée par les Phocéens : elle est en ruines.

9

Un peu au nord-est de la Corse, nommée par les Grecs, CYRNOS, se trouve la petite *île Capraria*.

PETITES ILES DE L'ITALIE DU MILIEU.

C'étaient, en descendant au sud-est : — ILVA (l'île d'Elbe) ; *Igilium* (Giglio) ; *Pithecusa* (Ischia), près du golfe du Cratère; — et l'île de CAPRÉE (Capri) où Tibère alla cacher ses infâmes débauches, etc.

Au sud, presqu'en face de Rome, au delà de la mer Intérieure, que les Romains nommèrent plus tard *mare Nostrum*, se trouve l'AFRIQUE PROPRE dont CARTHAGE était la capitale ; on en reconnaît les ruines près de Tunis.—A l'ouest de Carthage, au delà du *fleuve Bagradas* (Mesjarda), se voient *Utique*, fondée avant Carthage; *Hippo-Zaritos* (Biserte) et *Hippo-Regius*, séjour ordinaire des rois de Numidie. — Dans l'intérieur des terres, *Tipasa* (Tifas) ; *Bulla et Vacca* (Vogia) riche et commerçante. — A l'est du Bagradas, *Tebeste* (Tebess) sur ce fleuve; *Sicca venerea* (Kef) ; *Zama regia*, où Scipion vainquit Annibal; *Tuburbo*; et sur la côte, *Hadrumète*, longtemps considérable, surtout sous la puissance romaine.—Au nord-est de Carthage, se rencontre le *promontoire Herméen* (le cap Bon).

GAULE.

Cette partie de l'Europe ancienne était bornée au nord-ouest, par la *mer Germanique* (mer
du Nord), le *détroit des Gaules* (Pas-de-Calais),
et la *mer Britannique* (Manche) ; — à l'ouest,
par le *golfe d'Aquitaine* (de Gascogne) ; — au
sud, par les *Pyrénées*, et la *mer Intérieure*, qui
y formait le *golfe des Gaules* (de Lyon) ; — à
l'est, par les *Alpes*, et par le *Rhenus* (Rhin).
— Ainsi, elle embrassait dans son étendue la
France actuelle, la Suisse, et une partie de la
Belgique, etc.

Principaux fleuves :

Le *Magrada* (Bidassoa) ; l'*Aturis* (Adour),
grossi par la *Medulla* (Midouse) ; la *Garumna*
(Garonne), grossie par le *Tarnis* (Tarn) : celui-
ci reçoit le *Veronius* (l'Aveyron), par l'*Oltis*
(Lot), et par le *Durannius* (Dordogne) ; le *Carantonus* (Charente) ; le *Liger* (Loire), grossie
du côté du sud, par l'*Elaver* (Allier), la *Caris*
(Cher), et la *Vigenna* (Vienne) : celle-ci reçoit
à droite, la *Crosa* (Creuse), à gauche, la *Clitis*
(Clain) ; — du côté du nord, le Liger est grossi
par la *Meduana* (Mayenne), qui reçoit à son
tour le *Lidericus* (le Loir), et la *Sarta* (la Sar-
the) ; plus loin la *Vindana* (Vilaine). — Tous
ces fleuves se rendent dans le golfe d'Aquitaine.
Dans la mer Britannique et la mer Germanique, coulent :

L'*Argenus* (peut-être la Vire) ; l'*Olina* (Orne) ; la *Sequana* (Seine), grossie du côté du sud, par l'*Icauna* (Yonne), et l'*Autura* (Eure) ; du côté du nord, par l'*Albis* (Aube), la *Matrona* (Marne) : celle-ci reçoit l'*Orna* (Ornain) ; et par l'*Isara* (Oise), dans laquelle tombe l'*Axona* (Aisne) ; — puis, la *Samara* (Somme) ; l'*Alteja* (Authie) ; le *Scaldis* (Escaut) ; la *Mosa* (Meuse), grossie à gauche, par la *Sabis* (Sambre) ; le *Rhenus* (Rhin), qui reçoit du côté des Gaules, la *Nava* (Nahe), et par la *Mosella* (Moselle), elle-même, grossie à l'est, par le *Saraous* (Sarre), qui reçoit la *Nida* ; et à l'ouest, par la *Sura*, la *Pramea*, et la *Gelbis*.

Les fleuves qui se rendent dans la mer Intérieure, sont : — le *Varus* (Var) ; le *Rhodanus* (Rhône), qui reçoit du côté de l'est, l'*Isara* (Isère) ; et la *Druentia* (Durance), grossie par l'*Esubiani* ; du côté du nord, le Rhodanus, reçoit l'*Arar* (Saône), grossie du *Dubis* (Doubs) ; — puis, on trouve l'*Arauris* (Hérault) ; l'*Atax* (Aude) ; et le *Telis* (le Tet).

Montagnes :

Nous avons déjà nommé les *Pyrénées*, au sud ; et les *Alpes*, à l'est ; — dans l'intérieur, on trouve, le *mont Cebenna* (Cévennes) ; et le *mont Jura* ; etc.

Divisions.

Après que César en eut fait la conquête, la Gaule se divisait en *sept* grandes parties, savoir :

1º La Germanie, au nord-est, le long du Rhin, divisée en *Germanie première*, et *Germanie deuxième;*

2º La Belgique, au sud-ouest de la Germanie : on la divisait en *Belgique première*, et *Belgique deuxième;*

3º La Lyonnaise, formant quatre parties, savoir : de l'ouest à l'est, *troisième Lyonnaise, deuxième Lyonnaise, quatrième Lyonnaise,* et *première Lyonnaise;*

4º L'Aquitaine, divisée en *première Aquitaine*, deuxième *Aquitaine*, et *Novempopulanie*, au sud-ouest ;

5º La Narbonnaise, comprenant toute la pente de la mer Intérieure, on la divisait en *Narbonnaise première, Viennoise*, et *deuxième Narbonnaise;*

6º Les Alpes, divisées en *Alpes maritimes*, et en *Alpes grecques* et *Pennines;*

7º La grande Séquanaise, partagée en *Séquanaise* propre, et en *Helvétie*

Le tableau suivant fait connaître la correspondance des divisions anciennes que nous venons d'indiquer, avec les trente-quatre provinces françaises.

BELGIQUE	Lorraine,	Ire Belgique.
	Flandre, Artois, Picardie,	IIe Belgique.
	Champagne.	IIe Belgique ; IVe, Ire Lyonnaise.
LYONNAISE	Ile-de-France,	IIe Belgique ; IVe Lyonnaise.
	Normandie,	IIe Lyonnaise. } ARMORIQUE.
	Bretagne,	IIIe Lyonnaise.
	Maine et Perche, Anjou, Touraine.	IIIe Lyonnaise.
	Nivernais, Lyonnais,	Ire Lyonnaise.
	Orléanais,	IVe Lyonnaise ; Ire Aquitaine.
AQUITAINE	Berry, Bourbonnais, Marche, Limousin, Auvergne,	Ire Aquitaine.
	Guienne,	I et IIe Aquitaine.
	Gascogne,	I et IIe Aquitaine.; Novempopulanie.
	Poitou, Aunis, Saintonge, Angoumois,	IIe Aquitaine.
	Bearn,	Novempopulanie.
	Foix, Roussillon,	Ire Narbonnaise.
	Languedoc,	Ire Narbonnaise et Ire Aquitaine.
NARBONNAISE	Provence et Comtat,	Viennoise; IIe Narbonnaise ; Alp. maritimes.
	Dauphiné,	Viennoise; IIe Narbonn. Alp. grecq.
GRANDE SEQUANAISE	Franche-Comté,	Séquanaise Propre.
	Bourgogne,	Viennoise;Ire Lyonnaise, Séquanaise Propre.
GERMANIE	Alsace,	Séquanaise Propre. Ire Germanie.

PROVINCE ROMAINE. (bracket spanning Narbonnaise et Dauphiné)

Ce tableau fait voir aussi que la deuxième et troisième Lyonnaise portaient le nom d'*Armorique* (pays maritime) ; et que la Narbonnaise était appelée aussi *Provincia romana*, d'où est venu le nom de *Provence*.

Pour le compléter, nous ajouterons que la partie orientale de la grande séquanaise, appelée *Helvétie*, forme actuellement la Suisse ; qu'une partie de la première Germanie et de la première Belgique correspond à la *Bavière rhénane* ; qu'une autre partie de ces deux provinces gauloises, et une partie de la seconde Germanie sont comprises dans le *Grand-Duché du Bas-Rhin;* et que le reste de la Gaule est à la *Belgique*.

Nous allons maintenant indiquer les principales villes de chacune de ces sept grandes divisions, en citant les tribus gauloises qui les habitaient.

GERMANIE.

GERMANIE II.—On y trouvait, du nord au sud, les *Frisiabones*, les *Ménapiens*, les *Toxandres*, les *Eburones* ou *Tongres*, les *Condruses*, les *Pemanes* et les *Obiens*, à l'est le long du Rhin. C'est dans le territoire des Condruses et des Pemanes que s'étend la *forêt des Ardennes*.

Villes principales : — *Lugdunum Batavorum* (Leyde), sur le Rhenus ; — *Flenium;* — *Noviomagus* (Nimègue) ; — *Colonia Trajana* (Keln), sur le Rhénus; ainsi que *Colonia Agrippina* (Cologne), capitale des Obiens : patrie d'Agrippine, mère de Néron; *Atuatuca* (Tongres), capitale des Eburones; et *Segni*, vers le sud.

GERMANIE Iʳᵉ. — Elle était anciennement habitée par les *Caracates*, les *Vangiones*, les *Némètes* et les *Triboques*, qu'on trouvait successivement du nord au sud, le long du Rhénus.

Principales villes :—*Mogontiacum* (Mayence), l'une des plus fortes de l'empire romain ; *Vangiones* (Worms), capitale du peuple de ce nom ; — *Nemetes* (Spire), aussi capitale des Némètes; — *Argentoratum* (Strasbourg), c'était la capitale des Triboques et le passage ordinaire des Gaules en Germanie. Toutes ces villes étaient situées sur la rive gauche du Rhenus.

BELGIQUE.

Cette province des Gaules était bornée au nord-est par la Germanie que nous venons de décrire ; — Au sud par la Séquanaise ; — Au sud-est par la Lyonnaise; — Au nord-ouest par la mer Britannique, le détroit des Gaules et la mer Germanique.

BELGIQUE 1re, vers le sud-est. — Elle était habitée, en remontant du sud au nord, par les *Leuques*, les *Médiomatriens*, les *Verdunois* et les *Trévères*.

Villes principales : *Nasium* sur l'Orna ; *Tullum* (Toul) sur la Mosella, chez les Leuques ;— *Mettis* ou *Divodurum* (Metz), capitale des Médiomatriens ; — *Verodunum* (Verdun), chez les Verdunois;—Et *Augusta Trévirorum* (Trèves), capitale des Trévères, longtemps l'une des plus puissantes et des plus florissantes villes de l'empire romain. Elle est située, ainsi que Mettis, sur la Moselle.

BELGIQUE IIe, vers le nord-ouest, et beaucoup plus étendue que la précédente. — On y
trouvait en s'avançant vers le détroit des Gaules :
— Les *Catalauniens*, les *Rémois*, les *Soisson-
nais*, les *Vadicasses*, les *Bellovaques*, les *Vermanduens*, les *Ambianois*, les *Atrébates*, les
Morins, les *Nerviens* et les *Caninetates*, qui
s'étendaient jusque dans la Germanie IIe.

Villes principales, — *Catalauni* (Châlons),
sur la Matrona, capitale des Catalauniens ; —
Remi (Reims), auparavant, *Durocortorum*, —
Sylvanectes, ou *Augustomagus* (Senlis), chez
les Bellovaques, dont la capitale était *Cæsaro-
magus*, puis, *Bellovaci* (Beauvais) ; — *Novio-
dunum*, ou *Augusta Suessionum* (Soissons),
capitale des Soissonais ; — *Augusta Veroman-
duorum* (Saint-Quentin), chez les Vermanduens;
— *Samarobriva*, ou *Ambiani* (Amiens), comme
la précédente, sur la Samara ; — *Camaracum*
(Cambrai), sur le Scaldis, elle appartenait aux
Nerviens ; ainsi que *Bagacum* (Bavai), leur capitale, *Turnacum* (Tournai), sur le Scaldis, et
Meldi, dont on ignore la position ; de même,
que celle de *Grudii*, chez les Caninetates ; —
plus au sud-ouest, *Bononia* (Boulogne), auparavant *Gessoriacum*, chez les Morins ; ainsi que
Taruenna (Terouane) ; enfin, *Atrebatæ-Neme-
tacum* (Arras), capitale des Atrébates.

LYONNAISE.

Bornes, — au nord-ouest, la mer Britannique;
— au nord-est, la Belgique ; — à l'est, la Sé-

quanaise, et une petite portion de la Viennoise ;
— au sud-ouest, l'Aquitaine, et une partie du
golfe de ce nom.

Lyonnaise iie, au nord-ouest. On y trouvait,
— les *Calètes*, les *Véliocasses*, les *Aulerques-
Eburovices*, les *Lexoviens*, les *Saïens*, les *Viducasses*, les *Bajocasses*, les *Vénèles* ou
Unelli, et les *Abrincatuens*.

Villes remarquables, — *Juliabona* (Lille-
bonne), chez les Calètes ; — *Rotomagus* (Rouen),
sur la Sequana, capitale des Véliocasses ; — *Mediolanum*, ou *Eburovices* (Evreux), chez les
Aulerques ; — *Noviomagus*, ou *Lexovii* (Li-
sieux), capitale des Lexoviens ; — *Saii* (peut-
être Séez), chez les Saïens, — *Viducasses* (le
vieux), capitale de la tribu de ce nom, — *Aræ-
genus*, ou *Bajocasses* (Bayeux), — *Crociato-
num*, et *Constantia* (Coutances), chez les Vénèles, — *Ingena*, ou *Abrincatui* (Avranches),
cité des Abrincatuens.

Lyonnaise iiie, au sud de la précédente —
Elle comprenait, les *Redonais*, les *Curiosoli-
tes ;* les *Osismiens*, qu'on trouvait en allant vers
l'ouest, — et en revenant vers l'est, les *Coriso-
pites*, les *Vénèles*, les *Namnètes*, les *Andeca-
ves*, les *Turones*, les *Arviens*, les *Aulerques-
Cenomans* et les *Diablintes*.

Villes, — *Condate* ou *Redones* (Rennes),
— *Venetæ Dartoritum* (Vannes), — *Condi-
vienum* puis *Namnetes* (Nantes), sur le Liger,
— *Juliomagus* ou *Andecavi* (Angers), — *Cæ-
sarodunum* puis *Turones* (Tours), — *Subdi-
num Cenomani* (le Mans), sur la Sarta, —

Vagoritum (Arve), — et *Nœodunum* ou *Diablintes* (Mayenne).

LYONNAISE IVᵉ, à l'est des deux précédentes. — On y comptait, — les *Carnutes*, très-puissants, les *Auréliens;* les *Sénonais;* les *Parisiens;* les *Meldes;* et les *Tricasses.*

Villes principales, — *Carnutes*, auparavant *Autricum* (Chartres), sur l'Autura, c'était le principal séjour des druides, ou prêtres gaulois, — *Aureliani*, auparavant *Genabum* (Orléans), — *Agendicum* ou *Senones* (Sens), l'une des plus fortes villes de la Gaule, — *Autessiodunum* (Auxerre), sur l'Icauna, comme la précédente, — *Augustobona* puis *Tricasses* (Troyes), sur la Sequana, — *Lutèce*, ou *Parisii* (Paris), sur la Sequana, — et *Meldi*, ou *Jatinum* (Meaux), sur la Matrona.

LYONNAISE Iʳᵉ. — Au sud-est de la précédente, et particulièrement entre la Saône et la Loire (*Liger* et l'*Arar*). — On y voyait les tribus suivantes : — Les *Lingonais*, au nord ; les *Mandubiens*, les *Eduens* (l'un des plus puissants peuples de la Gaule), les *Boïens* au centre, et les *Ségusiens-Insubres* vers le sud.

Principales villes : — *Andematunnum-Lingones* (Langres) ; — *Alesia* (Alise), capitale des Mandubiens, située près de la source de la Séquana : c'était la plus forte place des Gaules, et c'est là que succomba sous les armes romaines l'héroïque Vercingétorix. — *Bibracte* puis *Augustodunum* (Autun), chez les Eduens, rivaux des Arvernes ; — *Cabillonum* (Châlons), sur l'Arar ; — et *Matisco* (Mâcon), sur la même rivière : ces deux villes appartenaient encore aux Eduens. — Chez les Ségusiens, *Forum Segusianorum* (Feurs) ; — et *Lugdunum* (Lyon), qui devint plus tard la première ville de la Gaule. C'était la métropole de toute la Lyonnaise.

AQUITAINE.

Elle était bornée au nord et à l'est par la Lyonnaise, et s'étendait presque partout jusqu'au Liger. — Au sud-est, par la Narbonnaise et le mont Cébenna qui l'en séparait ; au sud, par les Pyrénées ; — à l'ouest, par le golfe d'Aquitaine.

AQUITAINE Ire, à l'est. — On y trouvait, du nord au sud : — Les *Bituriges - Cubiens*, les *Lémovices*, les *Arvernes*, qui se partageaient la Gaule avec les Eduens, les *Vellaves*, les *Gabales*, les *Rutènes* et les *Cadurques*.

Villes : — *Bituriges*, autrefois *Avaricum* (Bourges), l'une des plus considérables de la Gaule ; *Augustorium Lemovices* (Limoges) ; — *Augustonemetum* puis *Arverni* (Clermont) ; — *Vellavi* auparavant *Revessio* (Saint-Paulien) ; — *Anderitum* puis *Gabali* (Javoulx) ; — *Segodunum* puis *Ruteni* (Rhodez) ; — et *Divorna Cadurci* (Cahors).

AQUITAINE IIe, à l'ouest. — On y trouvait aussi, du nord au sud : — les *Pictones* ou *Pictaves*, les *Santones*, les *Petrocoriens*, les *Nitobriges*, et les *Bituriges-Vivisques*, vraisemblablement venus des Bituriges-Cubiens que nous avons cités dans l'Aquitaine première.

Villes principales : — *Ratiatum* (position inconnue), vers l'embouchure du Liger ; —*Pictavi*, auparavant *Limonum* (Poitiers), sur la Clitis ; — *Mediolanum Santones* (Saintes), sur le Carantonus, ainsi que *Iculisma* (Angoulême, aussi chez les Santones; —*Vesunna Petrocorii* (Périgueux); — *Aginnum* (Agen), chez les Nitobriges ; — et *Burdigala* (Bordeaux), sur la Garonne : cette dernière ville devint la plus considérable de l'Aquitaine.

NOVEMPOPULANIE, au sud de la précédente Aquitaine.

Les peuples principaux étaient : — les *Boïens*, les *Vasatés*, les *Tarbelliens*, les *Tarusates*, les *Elusates*, les *Lactorates*, les *Ausciens*, les *Convenois*, les *Bigerrones*, les *Osquidates*, et tout à fait au sud-est, les *Consorannes*.

Villes : — *Boii* ou *Boates* (la Teste de Buch) ; — *Cossio* ou *Vasates* (Bazas) ; *Aquæ Augustæ* puis *Tarbellicæ* (Dax) ; —*Cæquosa* (près de Mont-de-Marsan), chez les Tarbelliens ; — *Elusa* (Eause); —*Lactora* (Lectoure) ;—*Elimberris* ou *Augusta*, puis *Ausci* (Auch) ; — *Vicus Julii* ou *Atures* (Aire), sur l'Aturis ; — *Beneharnum* (détruite) : elle était située au nord-ouest d'Oléron ; — *Tarba* (Tarbes), sur l'Aturis ; — *Lugdunum-Convenarum* (Saint-Bertrand) ; — et *Consoranni* (Saint-Lizier).

NARBONNAISE.

La Narbonnaise était bornée, au nord-ouest, par la Séquanaise, la Lyonnaise et l'Aquitaine ;

—au sud, par les Pyrénées et la mer Intérieure ;
à l'est, par les provinces alpines.

NARBONNAISE Ire, à l'ouest. —Peuples qui l'habitaient : — Les *Tolosates*, les *Volces-Tecto-
sages*, les *Sardones*, les *Atacines*, les *Volces-
Arécomiques*, et les *Helviens*.

Villes principales : — *Tolosa* (Toulouse), sur
la Garumna : c'était l'une des plus anciennes et
des plus considérables de la Gaule ; — *Carcaso*
(Carcassonne);—*Illiberis* puis *Helena* (Elne);—
Ruscino (Perpignan) ; — *Narbo-Martius* (Narbonne), l'une des plus anciennes colonies romaines dans la Gaule ; — *Bœterræ* (Béziers) ;—
Loteva (Lodève) ; — *Nemausus* (Nismes), l'une
des plus puissantes villes de la Gaule, et dans
laquelle on trouve encore des restes magnifiques
de la grandeur romaine ; — *Alba Augusta* (Alps,
ou peut-être Aubenas).

VIENNOISE, tout le long du Rhône, à l'est.
— Peuples : les *Sapaudiens*, les *Allobroges*,
l'un des plus puissants de la Gaule, les *Sega-
launes*, les *Tricastins*, les *Vocontiens* et les
Cavares.

Villes principales : — *Geneva* (Genève), à
l'extrémité du *lac Leman* ; César y fit construire
un mur qui s'étendait du Rhône jusqu'au mont
Jura ; — *Vienna* (Vienne), sur le Rhodanus :
l'une des plus anciennes des Gaules ; — *Gratio-
nopolis*, auparavant *Cularo* (Grenoble), sur
l'*Isara* ;— *Valentia* (Valence) ; — *Dea Vocon-
tiorum* (Die) ; — *Neomagus* ou *Augusta* (Nyons);
— *Arausio* (Orange) ;— *Vasio* (Vaison);— *Avenio*
(Avignon) ; — *Cabellio* (Cavaillon) ; — *Arelata*

(Arles). Sous les empereurs romains, cette ville devint l'une des plus florissantes du monde : on y voit encore des restes nombreux de son ancienne splendeur. C'est la patrie de Saint-Ambroise et de Saint-Hilaire. — Plus au sud-est, *Massilia* (Marseille), la puissante alliée des Romains, la première qui appela ce peuple conquérant dans la Gaule.

NARBONNAISE IIᵉ, — au sud-est de la Viennoise ; — on y trouvait : — les *Tricoriens*, les *Mémines*, les *Vulgientes*, les *Albièces*, les *Salyens*, les *Sueltères*, les *Commones* et les *Oxybiens.*

Villes : — *Segustero* (Sisteron), sur la Druentia ; — *Apta Julia* (Apt) ; — *Reii Apollinares ;* — *Aquæ Sextiæ* (Aix), fondée par le consul Sextius (cent vingt ans avant Jésus-Christ) : elle devint considérable ; — *Forum Julii* (Fréjus) ; — et *Antipolis* (Antibes).

ALPES.

Cette province s'étendait le long des Alpes, depuis la source du Rhodanus, jusqu'à l'embouchure du Varus.

ALPES GRECQUES : — au nord. — Habitées par les *Vibères* et les *Contrones.*

Ville : — *Darantasia* (Moutiers).

ALPES MARITIMES : — au sud. — On y trouvait les *Caturiges*, les *Avatices*, les *Sentiens*, les *Suètres* et les *Vediantiens.*

Villes : — *Eburodunum* (Embrun), sur la Druentia ; — et *Dinia* (Digne).

GRANDE SÉQUANAISE.

Cette province était comprise entre la Saône, le Rhône, les Alpes et le Rhin : la *chaîne du Jura* la divisait en deux parties principales :

1° La *Séquanaise Propre* à l'ouest, dont la capitale était *Vesontio* (Besançon) sur le *Dubis* (Doubs), les *Séquanais* étaient un des peuples les plus puissants de la Gaule ;

2° L'*Helvétie* (Suisse), à l'est du Jura, dont les habitants étaient regardés comme les plus belliqueux des Gaulois. Les principales villes étaient *Aventicum* (Avenches);—*Salodurum* (Soleure); *Aquæ Helveticæ* (Baden); — et *Turicum* (Zurich) ;

Entre la Séquanaise Propre et l'Helvétie, se trouvait, entre les Vosges et le Rhin, le pays des *Rauraques* dont la capitale, *Augusta Rauracorum* (Augst) fut plus tard remplacée par *Basilia* (Bâle).

Pour terminer la description de la Gaule, nous ajouterons que dans la mer Intérieure, au sud-est de Massilia, on trouve les *îles Stœchades* (îles d'Hyères), qui appartenaient à cette grande cité ; — dans le golfe d'Aquitaine : *Uliarus* (Oléron), — *Ogia* (Ile Dieu ; — *Samnitum* (Noirmoutier);—*Vindilis* (Belle-Ile); et *Uxantio* (Ouessant). — Dans la mer Britannique, *Cæsarea* (Jersey) ; — *Sarnia* (Guernesey) ; — *Ridunia* (Aurigny).

EMPIRE ROMAIN.

(L'an 395, à la mort de Théodose le Grand, lors du partage définitif de l'empire.)

A la mort du grand Théodose, l'an 395, la vaste monarchie romaine fut irrévocablement partagée en deux grands empires : L'EMPIRE D'O-RIENT, sur lequel alla régner Arcadius, et L'EM-PIRE D'OCCIDENT, qui obéit à Honorius : ce dernier établit le siége de l'empire à MILAN, devenue alors considérable ; Arcadius choisit pour capitale CONSTANTINOPLE (l'ancienne Byzance), agrandie, ou pour mieux dire, fondée de nouveau par Constantin le Grand.

A cette époque, l'empire romain s'étendait depuis le rempart d'Antonin, sur les frontières de la *Calédonie* (Ecosse), jusqu'aux grandes cataractes du Nil, près de *Syène* (Assouan), à l'extrémité méridionale de l'Egypte ; et du *mont Atlas*, au delà du *détroit de Gadès* (de Gibraltar), jusqu'aux *sources de l'Euphrate et du Tigre :* il embrassait ainsi les plus belles contrées de l'Europe et de l'Afrique, et toute la partie d'Asie, qui se trouve à l'ouest de la ligne, tirée du *mont Sinaï* au *mont Ararat*, comprenant tout le bassin de la mer Intérieure, que les Romains appelaient aussi notre mer, *Mare Nostrum.*

D'une manière plus précise, l'empire romain était borné :

A l'ouest, — par l'océan Atlantique ;

Au sud, — sur le continent africain, par le

10.

mont Atlas, les déserts de la Gétulie, ceux de la Libye intérieure et l'Ethiopie ;

A l'est, — par la mer Rouge, l'Arabie, l'empire des Sassanides, ou nouveaux Perses, l'Arménie et le fleuve *Acampsis* (Terohoki) , à l'est de Trébizonde ;

Au nord-est, — par le Pont-Euxin, le Danube, qui séparait l'empire de la Sarmatie, et le Rhin, qui le séparait de la grande Germanie : c'est du Danube au Rhin (environ depuis Ratisbonne jusqu'à Coblentz , entre Mayence et Cologne), que les Romains élevèrent cette longue ligne de retranchements, dont on voit encore quelques restes dans plusieurs parties de l'Allemagne.

La ligne irrégulière qui marquait la division des deux empires d'Orient et d'Occident, commençait au fond de la *grande Syrte* (golfe de la Syrte), en Afrique, et se dirigeant au nord, jusqu'à l'embouchure du *Drilo* (Drin), allait suivre le cours du *Drinus* (Drin septentrional), puis celui de la Save, pour se terminer au Danube, un peu à l'est de *Sirmiun* (Sirmisck).

Toutes les provinces romaines qui se trouvaient à l'est de cette ligne, formèrent l'*empire d'Orient;* l'*empire d'Occident,* comprit toutes les provinces situées à l'ouest de cette même ligne.

EMPIRE D'ORIENT.

Divisions : — Cet empire se divisait en deux grandes préfectures, celle d'*Illyrie* et celle d'*Orient :* celle-ci comprenait *cinq diocèses,* savoir :

1° Diocèse d'Egypte ; 2° diocèse d'Orient ; 3° diocèse d'Asie ; 4° diocèse de Pont ; 5° diocèse de Thrace.

La préfecture d'Illyrie n'avait que *deux diocèses*, savoir :

1° Diocèse de Macédoine ; 2° diocèse de Dacie (en deçà du Danube).

PRÉFECTURE D'ORIENT.

1° *Diocèse d'Egypte.*

Il s'étendait depuis la grande Syrte, à l'ouest, jusqu'à Syène, au sud, et comprenait la Cyrénaïque et l'Egypte. — Fleuve :—le *Nil.*—Villes principales : — *Syène* (Assouan), au sud ; — *Thèbes*, ruinée alors ; —*Memphis ;* — Alexandrie, métropole du diocèse, et Cyrène, à l'ouest.

2° *Diocèse d'Orient.*

Il comprenait une partie de l'Arabie Pétrée, la Palestine, la Phénicie, la Syrie, une partie de la Mésopotamie, de l'Arménie, de la Cilicie, avec l'île de Cypre.—Montagnes : — le *Sinaï,* l'*Oreb,* le *Liban.*—Fleuves :—le *Jourdain,* l'*Oronte,* l'*Euphrate,* le *Tigre,* le *Sarus,* et le *Cydnus.* — Villes principales : — *Jérusalem ;* — *Tyr,* déjà presque ruinée ; — *Damas ;* — *Palmyre ;* — *Circesium ;* — *Edesse ;* — *Tarse,* et Antioche, la capitale du diocèse.

3° *Diocèse d'Asie.*

Il comprenait toute la partie occidentale de l'Asie-Mineure, avec presque toutes ses îles, jusqu'au fleuve Halys. — Montagnes : — le *Taurus*, le *mont Ida*. — Fleuves : — le *Méandre*, l'*Hermus*, le *Rhyndacus*. — Villes principales : — *Iconium;* — *Halicarnasse;* — *Éphèse;* — *Smyrne;* — *Sardes;* — et *Pergame.*

4° *Diocèse de Pont.*

Il comprenait toute la partie septentrionale et orientale de l'Asie-Mineure, jusqu'à l'Euphrate et au Sarus — Fleuves : — le *Lycus*, l'*Halys*, le *Parthénius*, le *Sangarius*, au nord; le *Sarus*, au midi. — Villes principales : — *Tyane;* — *Trébizonde;* — *Amasie;* — *Ancyre;* — *Nicomédie;* — *Nicée;* — et *Pruse.*

5° *Diocèse de Thrace.*

Il s'étendait de la Propontide jusqu'au Danube au nord, et jusqu'à la source de l'Hèbre, à l'ouest. — Montagnes : — *le mont Hémus* (Balkan). — Fleuve : — l'*Hèbre*. — Villes principales : — CONSTANTINOPLE, capitale de tout l'empire d'Orient sur la Propontide, à l'entrée du Bosphore de Thrace; — *Andrinople* (autrefois Orestias), Adrien qui l'embellit lui donna son nom.

PRÉFECTURE D'ILLYRIE.

1° Diocèse de Macédoine.

Il embrassait la Macédoine, une partie de l'Illyrie et toute la Grèce avec ses îles. — Fleuves :
— l'*Axius* et l'*Aoüs*. — Villes principales : —
Sparte; — *Corinthe;* — *Athènes;* — *Nicopolis;*—*Larisse;*— *Thessalonique;* —et *Dyrrachium* (Durazzo).

2° Diocèse de Dacie.

La Dacie en deçà du Danube et une partie de
la Mœsie.—Montagnes :—*mont Scardus* (Tchardagh). — Villes principales : — Sardique, patrie
de l'empereur Galère : — Moins importantes ;
—*Scupi*(Uskup); *Scodra*(Scutari), sur le Drilo;—
Naissus (Nissa), patrie de Constantin le Grand;
— *Ratiaria* (Artzar) sur le Danube; — ainsi
que *Viminacium*.

EMPIRE D'OCCIDENT.

Divisions. — Cet empire formait aussi deux
préfectures, celle d'*Italie* et celle des *Gaules*.

La préfecture d'Italie comprenait *quatre diocèses*, savoir :

1° Diocèse d'Illyrie occidentale; 2° diocèse d'Italie; 3° diocèse de Rome; 4° diocèse d'Afrique.

La préfecture des Gaules se divisait en *trois
diocèses* :

1º Diocèse d'Espagne ; 2º diocèse des Gaules ; 3º diocèse de Bretagne.

PRÉFECTURE D'ITALIE.

1º *Diocèse d'Illyrie occidentale.*

Ce diocèse comprenait toute l'Illyrie occidentale, la Pannonie et le Norique. — Montagnes : — *Alpes Juliennes* qui séparaient ce diocèse de celui d'Italie. — Fleuves : — la *Save* et la *Drave* affluents du Danube. — Villes principales : — *Sirmium* sur la Save ; — *Salone*, fameux séjour de Dioclétien, sur l'Adriatique. — Moins importantes : — *Siscia*, sur la Save, *OEmona* (Laybach), sur la Save, *Sabaria* (Sarvar), — et sur le Danube, *Acincum* (Bude), l'une des principales de la *Pannonie* (Hongrie) ; — *Bregetio* (ruinée), où mourut Valentinien Ier, — *Vindobona*, (Vienne) ; — et *Boïodurum* (Innstadt), dans le *Norique* (partie de la Bavière).

2º *Diocèse d'Italie.*

Il comprenait toute la *Rhétie* (le Tyrol, les Grisons, l'Etat de Venise en partie), une portion de l'Helvétie, la Gaule cisalpine et la partie de l'Italie du milieu, située à l'est des Apennins jusqu'au sud-est d'Amiterne. — Montagnes : — *Alpes* ; — *Apennins*. — Fleuves : — l'*Adige* ; — le *Pô* ; — le *Rubicon*. — Villes principales : — *Ariminium* ; — *Ravenne*. — MILAN, c'était la métropole de ce diocèse et le séjour ordinaire des empereurs d'Occident; —*Aquilée*.—Moins importantes : — *Augusta des Vindeliciens* (Augsbourg); — et *Coire* sur le Rhin.

3° *Diocèse de Rome.*

Il embrassait le reste de l'Italie, la Sicile, la Sardaigne et la Corse. — Montagnes : — les *Apennins*; — le *Vésuve*, en Italie; —l'*Etna*, en Sicile.—Fleuves : — l'*Arno*,—le *Tibre*.—Villes principales : — ROME ; — *Naples* ; — *Tarente*, et *Messine* et *Syracuse* dans la Sicile. — Remarquons encore au sud de l'Italie *Consentia* (Cosenza).

4° *Diocèse d'Afrique.*

Il s'étendait depuis la *Malva* (Malouya), jusqu'à la grande Syrte. — Montagnes : — le *mont Garaphi*, et le *mont Thizibi* prolongement de l'Atlas.— Fleuves : — le *Bagradas*; le *Chinalaph* (Shellif) et le *Savus* ou Zabus. — Villes principales : — *Leptis Major* (Lebida), patrie de l'empereur Septime; — *Adrumète*, — *Carthage* (près de Tunis); — *Cirta* (Constantine); — et *Césarée*. — Moins importantes : — *OEa* (Tripoli); — *Thapsus* (Demsas) où César battit Métellus Scipion attaché au parti de Pompée; — *Hippone* (Bizerte, peut-être); — *Iomnium* (peut-être Alger), et *Portus-Magnus* (peut-être aussi Oran).

Ainsi ce diocèse d'Afrique comprenait de l'est à l'ouest, l'Afrique Tripolitaine, l'Afrique propre, la Numidie et une partie de la Mauritanie, contrées qui semblent correspondre aujourd'hui aux régences de Tripoli et de Tunis et à l'Algérie.

PRÉFECTURE DES GAULES.

1° *Diocèse d'Espagne.*

Ce diocèse comprenait en Afrique, la Mauritanie Tingitane (le Maroc), et l'Espagne avec ses îles (Espagne et Portugal). — Montagnes : — l'*Atlas*, dans la Mauritanie; — le *mont Marianus* (Sierra-Morena), et le *mont Herminius* (Sierra-d'Estrella). — Fleuves : — le *Bœtis* (Guadalquivir); l'*Anas* (Guadiana); *Tagus* (Tage); *Durius* (Duero); le *Minius* (Minho); l'*Iberus* (Ebre); et le *Sucro* (Xucar), en Espagne; la *Malva* (Malouya) et le *Subur* ou Afrique —Villes principales : —En Afrique, *Tingis* (Tanger), sur le détroit de Gadès; elle avait donné son nom à cette partie de la Mauritanie. — Moins importantes :—*Volubilis* (peut-être Guatili); — et *Abyla* (Ceuta), aussi sur le détroit de Gadès. — En Espagne : — *Hispalis* (Séville), sur le Bœtis; *Munda* (Monda), célèbre par la sanglante bataille que César gagna à grande peine contre le fils de Pompée; — *Illiberis* (aux environs de Grenade); — *Carthage-la-Neuve* (Carthagène), fondée par Asdrubal;—*Valence*;—*Tarragone*, qui donnait le nom de Tarragonaise à toute la vallée de l'Iberus; — *Numance*, la seconde terreur des Romains; elle était située aux sources du Durius, non loin de la ville actuelle de So-

ria, et fut détruite par Scipion l'Africain II , l'an
134 avant Jésus-Christ;—*Porto-Calle* (Oporto),
qui donna plus tard à la Lusitanie le nom de
Portugal. — Moins importantes : — *Gadès* (Ca-
dix); — *Calpe* (Gibraltar) , en face d'Abyla ; —
Corduba (Cordoue), sur le Bætis ; — *Merida* ou
Augusta Emerita , sur l'Anas; — *Tolède* ou
Toletum , sur le Tage; — ainsi que *Olisippo*
(Lisbonne) ; — *Sagonte* (Murviedro peut-être) ,
ruinée par Annibal; — *Cæsar-Augusta* (Saragosse) , sur l'Iberus ; — *Barcino* (Barcelonne),
fondée par Amilcar, père d'Annibal ; — et
Emporiæ (Ampurias).

Ajoutons que l'Espagne ancienne se divisait
en *Bætique*, au sud du Bætis,—*Lusitanie* (Portugal), à l'ouest ;—*Celtibérie* , au centre , et en
Tarragonaise, à l'est.

2° *Diocèse des Gaules.*

Il s'étendait des Pyrénées jusqu'aux retranchements romains dans la Germanie, au delà du
Rhin. — Montagnes : — les *Cévennes* et le *Jura*.
— Fleuves : — l'*Adour*, la *Garonne* et la *Dordogne*, la *Charente*, la *Loire*, la *Vilaine* , la
Seine, la *Somme*, l'*Escaut*, la *Meuse*, le *Rhin* ,
le *Var*, le *Rhône*, l'*Aude*. — Villes principales :
— *Toulouse, Bordeaux, Bourges , Paris, Cologne,* TRÈVES, qui en était la métropole; *Genève,
Lyon, Vienne, Arles, Narbonne, Aix et Marseille.*

11

3° *Diocèse de Bretagne.*

Toute l'Angleterre actuelle jusqu'au rempart d'Antonin, sur les limites de la Calédonie. — Fleuves : — la *Tamesis* (Tamise), la *Sabrina* (Saverne), et puis l'Ouse et l'Humber. — Villes principales : — *Londinium* (Londres); — et *Eboracum* (York). — Iles : — *Monapia* (île de Man); — les *Cassiterides* (Sorlingues), ainsi nommées de l'étain qu'on y trouvait en quantité, et que les Phéniciens venaient chercher mystérieusement;—puis au sud, *Vectis* (île de Wight).

Le tableau suivant présente sous un même coup d'œil toutes les divisions que nous venons de tracer.

MONARCHIE ROMAINE.

Empire d'*Orient*, deux préfectures :	d'*Orient*, 5 diocèses.	Égypte. Orient. Asie. Pont. Thrace.
	d'*Illyrie*, 2 diocèses.	Macédoine. Dacie.
Empire d'*Occident*, deux préfectures :	d'*Italie*, 4 diocèses.	Illyrie occidentale. Italie. Rome. Afrique.
	des *Gaules*, 3 diocèses.	Espagne. Gaules. Bretagne.

INVASIONS DES BARBARES.

Cette carte présente le tableau des *principales invasions des peuples barbares* dans l'empire romain, depuis la fin du quatrième siècle jusqu'à la fin du sixième siècle de l'ère chrétienne.

Au nord-est de l'empire romain, au delà du Rhin et du Danube, s'étendaient de l'ouest à l'est, les vastes contrées de la *Germanie* et de la *Sarmatie*, et puis plus loin encore, au delà de la Sarmatie, les vastes plaines de la *Scythie d'Europe*.

La GERMANIE, plus rapprochée de l'empire, était comprise entre le Rhin à l'ouest, le Danube au sud, la Theiss et la Vistule à l'est, et les océans sarmatique et germanique au nord. Là, vivaient, à l'époque du partage définitif de l'empire (395), les *Bourguignons*, les *Lombards*, les *Saxons* et les *Angles*, le long de l'océan sarmatique (mer Baltique) ; au centre les *Suèves*; à l'est les *Vandales*, et le long du Rhin, les *Allemands* et les *Francs*, tous peuples guerriers, passionnés pour leur indépendance, et négligeant les travaux paisibles de l'agriculture et des arts, pour se livrer avec passion au pillage et à la guerre.

La SARMATIE s'étendait depuis la Vistule, la Theiss et le Danube jusqu'au *Rha* (Volga), nommé aussi *Athil* ou *Etel*. A l'époque qui nous occupe, les *Goths* (peut-être les *Hou-tes* ou *Khou-tes* de l'Asie), peuple de race indo-germanique, avaient fondé dans ces vastes contrées un empire puissant qui obéissait à Hermanrich ; ils

étaient divisés en trois principales tribus, savoir :
les *Ostrogoths* ou Goths de l'est, à l'est du
Dniéper ou Borysthène; les *Wisigoths* ou Goths
de l'ouest, à l'occident de ce même fleuve ; et
les *Gépides* arrêtés au pied des *monts Carpa-
thes*. — Hermanrich avait soumis toutes les autres
peuplades slaviques de ces immenses plaines, qui
forment aujourd'hui le noyau de l'empire russe.

Enfin, dans la Scythie, au delà du *Tanaïs*
(le Don) et du Volga, erraient les peuples de race
finnoise, dont le plus puissant était les *Huns*,
qu'il faut bien se garder de confondre avec les
Hioung-nou, qui appartiennent à la race
turque.

A l'orient de l'empire, se trouvaient successivement, du nord au sud, du Caucase à la mer
Rouge, le royaume d'Arménie, l'empire des nouveaux Perses ou Sassanides, et les nomades su-
perstitieux de l'Arabie ; mais ce n'est pas de ce
côté, au moins encore, que les Barbares vien-
dront assaillir la vaste monarchie romaine qui,
par l'excès du despotisme, la plaie dévorante de
l'esclavage, le relâchement de la discipline et la
profonde corruption des mœurs, allait déjà s'é-
croulant de toutes parts.

Les *Hioug-nou*, nation turque, qui avait fondé dans l'Asie Moyenne un grand empire, pendant le troisième et le deuxième siècle avant
l'ère chrétienne, furent enfin vaincus par les Chinois, et soumis à leur puissance : cependant une
partie d'entre eux, les *Hioung-nou Septentrio-
naux*, se défendirent longtemps encore, et se
maintinrent en corps de nation.

Sans cesse repoussés par les Chinois, vers le nord-ouest de la mer Caspienne, ils refoulèrent toujours aussi devant eux les peuples de race finnoise. Le plus nombreux et le plus féroce de ceux-ci, les Huns, franchirent enfin le Volga et le Tanaïs, entraînant avec eux une partie des *Alains* du Caucase, aussi de race finnoise, et s'avancèrent dans les terres d'Hermanrich. Celui-ci leur présenta la bataille, fut vaincu avec les Goths, et se donna la mort. — Les *Ostrogoths* se soumirent aux vainqueurs. Les *Alains*, établis un moment vers le *Palus Méotide* (mer d'Azof), continuèrent à s'avancer vers l'Occident. — Et les *Wisigoths*, épouvantés, passèrent le Danube, obtinrent de l'empereur Valens de s'établir dans l'empire, et occupèrent la Mœsie aux environs de Sardique. Les Huns achevèrent leur conquête et se rendirent maîtres de tout l'empire d'Hermanrich.

Tel fut le premier ébranlement, le premier choc de ces hordes de barbares qui devaient renverser l'empire romain, et pendant plus de deux siècles y déborder de toutes parts.

WISIGOTHS.

Il y avait douze ans à peine que les Wisigoths étaient établis sur les terres de l'empire, quand irrités par les vexations des agents de l'empereur Valens, ils passèrent le mont Hémus, et vinrent gagner sur les Romains la sanglante *bataille d'Andrinople* où Valens fut tué. — Peu de temps après la mort du grand Théodose dont ils avaient

11.

été les fidèles alliés, les Wisigoths, sous la conduite d'*Alaric*, ravagent toute la Thrace, la
Macédoine et la Grèce, et vont se fixer dans l'Illyrie, au pied des *Alpes Juliennes* (401). De là,
bientôt après, ils fondent sur l'Italie et s'avan-
cent jusqu'à *Milan*, d'où ils font fuir Honorius; mais entièrement défaits à *Pollentia*, par
le fameux Stilicon, ils retournent en Illyrie pour
quelques années.

C'est dans cet intervalle que *Radagaise*, à la
tête d'une multitude de Suèves et d'autres peuples germains, vient fondre sur l'Italie, après
avoir franchi le Danube et les Alpes; il s'avance
jusqu'au delà des Apennins, à *Fésules* près de
Florence, où Stilicon vient l'exterminer (406).—
Quatre ans après, le trop faible Honorius ordon-
nait la mort du seul général qui pût encore re-
tarder la ruine de l'empire.

C'est alors qu'Alaric repasse les Alpes Juliennes, et marche sur *Rome* dont il s'empare; il
parcourt ensuite toute l'Italie méridionale, et va
mourir à *Cosenza*.

Son successeur *Ataulph* épouse Placidie, sœur
d'Honorius, et remontant l'Italie, va vaincre pour
son beau-frère, les usurpateurs romains qui se
disputaient la Gaule (412); il réussit; et pour
prix de leurs services, les Wisigoths obtiennent
des empereurs de Rome, l'Aquitaine et Toulouse qui devint la capitale de leur royaume, étendu bientôt après jusqu'au *Rhône*, à l'est, et
jusqu'à l'océan Atlantique, au delà du détroit de
Gadès, à l'ouest, comprenant ainsi presque toute
l'Espagne et les plus riches contrées de la Gaule
(vers 419).

BOURGUIGNONS, SUÈVES, ALAINS ET VANDALES.

La terrible défaite de Radagaise avait fait retourner sur leurs pas d'autres Suèves qui le suivaient en Italie ; ceux-ci, revenus dans leurs forêts de la Germanie, s'unissent aux Bourguignons, aux Vandales et aux Alains qui s'étaient avancés jusque là. Tous ensemble ils marchent envahir la Gaule, vers 407, malgré les efforts des *Francs ripuaires*, alliés des Romains, *ils passent le Rhin*, un peu au-dessus de *Mayence*, et se dispersent dans la Gaule qu'ils livrent partout au fer et aux flammes. Les Bourguignons se fixent le long de la Saône et du Rhône (409), et ces provinces, qui leur sont concédées par Honorius, en 413, forment le *royaume des Bourguignons* qui eut Lyon pour capitale, et pour premier roi *Gondicaire.*

Les trois autres peuples traversent la Gaule, franchissent les Pyrénées (411), et se répandent dans l'Espagne. Bientôt ils y sont suivis par les Wisigoths qui détruisent les Alains, repoussent les Suèves dans le nord-ouest de la Péninsule, et forcent les Vandales à passer en Afrique, où d'ailleurs les appelait le traître Boniface. Ces derniers traversent donc le détroit, sous la conduite de *Genséric*, successeur de leur chef Gondéric, et vont fonder le puissant *royaume des Vandales*, qui eut *Carthage* pour capitale. Genséric ne borna point là ses conquêtes. Il soumit la Sicile, la Sardaigne, la Corse, les îles Baléares, et puis il alla saccager Rome, dont il transporta les dépouilles à Carthage (455).

HUNS.

Cependant *Attila* régnait chez les Huns (de 433 à 453). Ce farouche conquérant, le *fléau de Dieu*, après avoir vaincu plusieurs nations de la Sarmatie et de la Germanie, et irrité de ce que la cour de Byzance se refusait à lui payer le tribut accoutumé, passe le Danube près de *Sirmium*, et pénètre dans l'empire. Il prend, pille et saccage successivement *Viminacium*, *Ratiaria*, *Sardique*, *Naïsse*, ravage l'Illyrie, la Grèce et la Macédoine, et s'avance jusqu'à *Andrinople*. Forcé de retourner sur ses pas, il va établir son camp ou *ring* entre le Danube et la Theiss. — Puis, il marche vers l'occident, le long de la vallée du Danube, poussant devant lui ou entraînant une multitude de peuples différents, il passe le Rhin et envahit la Gaule. *Metz*, *Trèves*, *Tongres*, *Tournai*, *Cambrai*, *Toul*, *Langres*, *Besançon* et *Orléans* sont tour à tour prises, et pour la plupart saccagées et livrées aux flammes; mais à Châlons (sur Marne), *Campi Catalaunici*, le roi des Wisigoths, Théodoric, le roi des Francs, Mérovée, et le général romain, Aëtius, lui livrent bataille; elle fut sanglante; Théodoric y fut tué, et le terrible roi des Huns, vaincu, abandonna la Gaule, et alla passer les Alpes pour ravager l'Italie. Il était près de Rome, quand l'éloquence du pape saint Léon le fit consentir à quitter l'Italie. Toutefois en l'abandonnant, il voulut marquer son passage, et il détruisit *Aquilée*. Enfin, traversant le Norique, il passa le Danube, à *Vienne*, et alla mourir, dit-on, vers les sources du Niémen (453). Là finit presque entièrement la puissance si formidable des Huns : quelques-uns restèrent en Europe et se mêlèrent plus tard aux *Avars* ou *Avares* ; d'autres, à ce qu'il semble, repassèrent le Volga , sous la conduite d'Irnak, le plus jeune des fils d'Attila.

FRANCS.

Les plus anciennes tribus des FRANCS semblent avoir habité d'abord les deux rives du *Weser.* Peu à peu ils se rapprochèrent du Rhin et tentèrent quelques incursions sur l'empire. Pour se les attacher, les empereurs leur abandonnèrent les terres qui bordent ce fleuve, depuis Mayence jusqu'à son embouchure, à condition qu'ils défendraient l'empire de ce côté contre les autres peuples barbares : de là le nom de *Francs Ripuaires* que l'histoire leur a donné.

Après avoir vaillamment, mais en vain, défendu le passage du Rhin contre les Alains, les Suèves, les Bourguignons et les Vandales, les Francs eux-mêmes résolurent de se faire une part dans le démembrement des riches contrées de la Gaule. Leurs diverses tribus s'y établirent et s'y maintinrent successivement sous la conduite de Clodion, de Mérovée et de Childéric. Le fils de ce dernier, *Clovis*, le véritable fondateur de la monarchie des Francs, défait *Syagrius*, dernier général romain, à *Soissons ;* il bat les Allemands à *Tolbiac*, près de Cologne ; soumet les Bourguignons, et remporte à *Vouillé*, près de Poitiers, une victoire décisive sur les Wisigoths (507). Cette victoire le rendit maître de presque toute la

Gaule, et força, un peu plus tard, les Wisigoths à se retirer au delà des Pyrénées, et à transporter le siége de leur empire à *Barcelone*.

OSTROGOTHS.

Après la mort d'Attila, les Ostrogoths s'étaient établis dans la Pannonie, promettant d'y défendre le passage du Danube contre les ennemis de l'empire. Bientôt, sous la conduite de Théodoric le Grand, ils marchèrent contre l'Italie, où l'Hérule Odoacre s'était fait couronner après avoir mis fin à l'empire d'Occident, en 476. La guerre dura quatre ans, et se termina en 493, par la mort d'Odoacre égorgé dans un festin sous les yeux de Théodoric, à qui il s'était livré. C'est alors que fut établi le *royaume des Ostrogoths*, agrandi plus tard par la conquête de l'Illyrie, de la Pannonie, du Norique et de la Rhétie, et par quelques provinces méridionales des Gaules.

LOMBARDS.

Les *Lombards*, venus des bords de la mer Baltique, s'étaient longtemps fixés dans la Pannonie. Ils en partirent (568) pour aller conquérir l'Italie, sous le commandement de leur roi, le féroce *Alboin*. Ils y étaient appelés par le célèbre Narsès, irrité d'une insulte que lui avait faite l'impératrice Sophie. Leur conquête fut prompte, et bientôt il ne resta aux Romains, qui venaient d'en chasser les Ostrogoths, que l'Italie du milieu et l'Italie inférieure. Quelques villes devinrent alors indépendantes : et les

Lombards formèrent au nord du Pô le *royaume de Lombardie*, dont *Pavie* fut la capitale. Les provinces restées aux Romains furent gouvernées par un exarque qui résidait à *Ravenne*.

AVARES.

C'est vers le milieu du sixième siècle que les *Avares*, aussi de race finnoise, passèrent le Volga, sous la conduite de *Varkhouni*. Peu après (558), ils vinrent s'établir dans la Dacie, qu'ils s'engagèrent à défendre contre les Gépides et les Lombards. C'est là qu'ils se mêlèrent d'abord avec quelques débris des Huns, et ensuite avec les *Hongrois*, qui arrivèrent plus tard et qui étaient de même race.

BULGARES.

Les *Bulgares*, encore de race finnoise ou hunnique, avaient précédé les Avares dans l'empire; et vers l'an 480, on les trouve déjà établis entre le Borysthène et le Danube. Vers 559, ils voulurent passer le Danube et s'avancèrent dans la Thrace; mais le grand Bélisaire, général de Justinien, les vainquit et les rejeta au delà de ce fleuve: ce n'est que vers la fin du septième siècle, que du consentement de l'empereur Constantin Pogonat, ils vinrent s'établir dans la Mœsie, si souvent ravagée, et qui a pris d'eux le nom de *Bulgarie*.

ANGLES ET SAXONS.

Lorsque les empereurs romains, occupés à défendre les frontières septentrionales de l'empire, eurent rappelé les légions de la Bretagne, les malheureux Bretons, abandonnés à eux-mêmes, ne purent résister aux incessantes attaques des *Picts* et des *Scots*, peuples de la Calédonie. Ils appelèrent donc à leur aide les SAXONS, nation guerrière, qui habitait sur les bords de l'Elbe. Ceux-ci repoussèrent aisément les ennemis des Bretons, et obtinrent pour prix de leur courage l'île de Thanet, mais, ils devinrent à leur tour assaillants, et ils enlevèrent aux faibles Bretons, et malgré des luttes sanglantes, plusieurs parties de leurs terres : c'est ainsi que furent établis successivement les *quatre royaumes saxons,* de *Kent,* de *Sussex,* de *Wessex* et d'*Essex* 455—526).

Les ANGLES, autres peuples germains du sud du Jutland (*Jutie*), vinrent à leur tour dépouiller les Bretons des terres qui leur restaient encore, et ils fondèrent dans le centre et le nord-est de la Bretagne les *trois royaumes anglais* de *Northumberland,* d'*Est-Anglie* et de *Mercie.* — Ce furent ces sept royaumes qui composèrent ce qu'on appelle l'*heptarchie anglo-saxonne,* réunie en un seul royaume, celui d'*Angleterre,* en 827, sous Egbert le Grand.

Pour les *Bretons,* les uns se retirèrent dans les montagnes du pays de Galles et s'y maintinrent longtemps dans l'indépendance ; les autres se réfugièrent chez les Armoricains, dans la Gaule et donnèrent à la Lyonnaise IIIe le nom de Bretagne qu'elle porte encore aujourd'hui.

Il y eut encore beaucoup d'autres migrations de peuples barbares en Europe, telles que celles des Hérules, des Gépides, des Slaves et des Hongrois, etc. ; mais elles furent postérieures à l'époque que nous avons embrassée, et présentent d'ailleurs moins d'intérêt que les premières, c'est pourquoi, pour laisser à notre carte plus de clarté, nous ne les y avons point tracées.

L'EUROPE

AUX TEMPS DES CROISADES.

L'objet spécial de cette carte, est de faire connaître sommairement la *Géographie politique du monde chrétien, et des états musulmans, à l'époque de la première croisade*, c'est-à-dire vers la fin du onzième siècle.

I. EUROPE CHRÉTIENNE.

On peut la diviser en *Europe occidentale*, de l'Escaut et du Rhône, à l'océan Atlantique; — *Europe centrale*, de l'Escaut et du Rhône, au confluent de la Waag avec le Danube, un peu à l'est de Vienne; — *Europe orientale*, de la Waag au Volga.

1° EUROPE OCCIDENTALE.

Nous y trouvons au nord, dans la Grande-Bretagne :

Le ROYAUME D'ÉCOSSE, qui s'étendait beaucoup au sud-ouest, dans l'Angleterre actuelle : *Scone* était sa capitale, et il était alors gouverné par *Malcom* III, qui venait d'être rétabli sur le trône : c'est sous son règne que la maison des Stuarts prend son origine. On pense que le christianisme fut introduit en Ecosse dans le cinquième siècle de l'ère chrétienne.

Le ROYAUME D'ANGLETERRE, nouvellement arraché à la maison saxonne, par les Normands, sous la conduite de Guillaume Ier le Conquérant, duc de Normandie. Ce royaume, qui avait *Londres* pour capitale, obéissait alors à *Guillaume* II *le Roux*, au préjudice de Robert son frère aîné, qui fut fait duc de Normandie. Ce dernier vendit plus tard son duché au roi d'Angleterre et partit pour la Terre-Sainte. Les Anglo-Saxons avaient été convertis, vers la fin du sixième siècle, par le moine saint Augustin, sous le pontificat de saint Grégoire.

La PRINCIPAUTÉ DE WALLES (Galles), gouvernée par des princes bretons; — le ROYAUME DE MAN OU DES ILES, dont le dernier roi *Lagman* prit part à la croisade; — en Irlande, PLUSIEURS ROYAUMES irlandais et les POSSESSIONS DANOISES.

Au centre, entre les Pyrénées occidentales l'Escaut et le Rhône; — le ROYAUME DE FRANCE, où régnait dans toute sa force le système féodal. Le trône était alors occupé par Philippe Ier, qui ne prit aucune part à la croisade ni à aucun autre des grands événements de son règne.—Le domaine royal comprenait l'Ile de-France, l'Anjou, l'Orléanais, le Berry et la Champagne. — Les grands vassaux étaient : — *Eudes* III, *duc de Bourgogne :* il ne se croisa que contre les Albigeois; —*Robert* II, *comte de Flandres;*—*Robert* II, *duc de Normandie;* —*Alain Fergent, duc de Bretagne;* — *Raymond* IV, *comte de Toulouse;* — et *Guillaume* IX *le Vieux, duc de Guienne* ou *d'Aquitaine.* Tous ces princes, excepté le dernier, prirent part à la première croisade.

Au sud, les royaumes chrétiens d'Espagne, savoir :

Le ROYAUME DE NAVARRE, capitales, *Pampe-lune* et *Barcelonne* ; — et celui D'ARAGON, capitale, *Saragosse :* ils obéissaient tous deux à *Pèdre* 1 de la maison d'Aragon.

Le ROYAUME DE CASTILLE et celui de LÉON, gouvernés par *Sanche* II qui en avait dépouillé Alphonse VI son frère; villes capitales : *Burgos* et *Léon.*

Le COMTÉ DE PORTUGAL, fondé par *Henri de Bourgogne*, gendre d'Alphonse VI. La ville de *Coimbre* était sa capitale.

Ainsi, les princes chrétiens occupaient toute la partie septentrionale de l'Espagne, jusqu'au Tage et au Xucar.

2° EUROPE CENTRALE.

Nous y trouvons du nord au sud :

Le ROYAUME DE SUÈDE, où régnait *Philippe* ; — le ROYAUME DE DANEMARCK qui s'étendait aussi dans la partie méridionale de la Suède actuelle ; *Eric* III *le Bon* en occupait alors le trône ; — le ROYAUME DE NORVÉGE (une très-petite partie seulement a trouvé place dans notre carte), gouverné par *Magnus* III ; ces trois royaumes étaient communément appelés *royaumes scandinaves ;* — la SLAVONIE, soumise à des *rois obotrites.*

Le grand EMPIRE D'ALLEMAGNE, qui embrassait toute l'Europe centrale, depuis la mer d'Allemagne et la mer Baltique, au nord, jusqu'à l'Italie Inférieure vers Gaète, au sud. *Henri* IV, de la maison de Franconie, régnait à l'époque qui nous occupe. — Les grands vassaux de l'empire étaient : *Magnus*, *duc de Saxe*, dont la capitale était *Magdebourg*, sur l'Elbe; — *Bretislas* II, *duc de Bohéme*.—Ville principale : — *Prague*, sur la Moldau ; — la *Franconie* était le patrimoine de l'empereur;—GODEFROY DE BOUILLON, *duc de la Basse-Lorraine*, ce fameux chef de la première croisade. — *Gérard*, *duc de la Haute-Lorraine*; — *Frédéric* I, *duc de Souabe* ; — *Welf* 1, *duc de Bavière* ; — le *royaume d'Arles* était aussi aux empereurs, qui possédaient encore la *Carinthie* et le *royaume d'Italie*, où l'on peut citer comme principales villes de cette époque *Milan* et *Rome*.

La RÉPUBLIQUE DE VENISE qui commençait déjà à devenir puissante : elle possédait une partie des *côtes de la Dalmatie* avec les *îles Illyriennes* et *Corfou*, et presque toute *la Corse* et la *Sardaigne*.

La RÉPUBLIQUE DE GÊNES ; elle prit part à la première croisade, et possédait *Bonifacio* dans la Corse, et *Cagliari* dans la Sardaigne.

Enfin les DUCHÉS d'APULIE et DE CALABRE dans l'Italie Inférieure, et le COMTÉ DE SICILE enlevés à la puissance musulmane par les fils de Tancrède, étaient gouvernés par *Roger*, fils de Guiscard.—*Bohémond*, son frère, fut un des chefs de la première croisade.

3° EUROPE ORIENTALE.

On y trouvait alors du nord au sud :

L'ESTHONIE, la LITHUANIE, la PRUSSE, éta

12.

nouvellement formés ; — le DUCHÉ DE POLOGNE, dont *Cracovie*, sur la Vistule était capitale. *Wladislas-Herman* le gouvernait ; — le GRAND-DUCHÉ DE RUSSIE, où régnait *Sviatopolk-Michel* : sa capitale était *Kiew*, sur le Dnieper;— et au sud-est de ce grand-duché, les POSSESSIONS DES COMANES et UZES, qui s'étendaient du Danube au Volga. Ces peuples n'étaient pas chrétiens, ainsi que les KHAZARES et les ZICKHES, qu'on rencontrait au pied du Caucase.

Le ROYAUME DE HONGRIE que gouvernait *Coloman* ; sa capitale était *Bude*, sur le Danube. Ce royaume avait été converti au christianisme un siècle auparavant.

Le ROYAUME DE SERVIE, avec *Scodra* pour capitale. *Bolcan* y régnait alors.

Enfin l'EMPIRE GREC OU EMPIRE ROMAIN D'ORIENT, qui possédait en Europe la Grèce et ses îles, l'Epire, l'ancienne Mœsie, la Dacie, la Macédoine et la Thrace, où s'étaient établis les Bulgares. Le Danube lui servait de limite au nord, jusqu'à Belgrade ; il comprenait encore la Chersonèse Tauride, à l'embouchure du Borysthène ; — les provinces d'Asie étaient, la partie occidentale de l'Asie Mineure, depuis Héraclée, sur la mer Noire, jusqu'à la source du Méandre, et delà, jusqu'à Tarse, sur le Cydnus ; l'île de Chypre ; et toute la côte qui s'étend de Sinope à Trébizonde. *Alexis Comnène* régnait à *Constantinople* pendant la première croisade.

II. ÉTATS MUSULMANS.

A l'ouest : le ROYAUME DE MAROC , sous *You-sef* ; il comprenait le royaume actuel de Maroc et une partie de l'Algérie , et s'étendait en Espagne jusqu'au Tage : Ses principales villes étaient : *Maroc* en Afrique, résidence des rois Almoravides ; et *Cordoue* , en Espagne.

Le ROYAUME DE KAIRWAN , avec une capitale de même nom (territoire de Tunis) , d'abord tributaire des Almoravides de Maroc , il le devint ensuite des Fatimites d'Egypte.

A l'est : la SULTANIE DES FATIMITES d'Egypte, dont le *Caire* était la capitale ; *Mostanser-Billah*, prince habile et puissant régnait alors.

Enfin , les ROYAUMES DES TURCS-SELDJOUKIDES fondés sur les débris du khalifat de Bagdad, en Arabie, en Syrie, en Mésopotamie , en Arménie et dans l'Asie Mineure.

Tel était l'état politique de l'Europe, de l'Afrique du nord et de l'Asie occidentale , au moment de la *première croisade*.

Prêchée par le pape Urbain II lui-même , au concile de Clermont , 1095 , elle fut commencée l'année suivante , et se termina par la prise de Jérusalem trois ans après, en 1099.

Le chef de l'expédition fut *Godefroy de Bouillon*. Il fut suivi de ses deux frères Baudouin et Eustache , des ducs de Normandie et de Bourgogne ; des comtes de Flandre , de Toulouse, de Vermandois et de Blois ; de Bohémond , prince de Tarente , avec son neveu Tancrède, et Adhémar de Monteil , vicaire apostolique. —

L'armée que commandaient ces princes à leur départ, s'élevait, dit-on, à plus de six cent mille
combattants.

Déjà, avant le départ de cette armée formidable, le fameux Pierre l'Hermite s'était mis en
marche, précédé de Gauthier Sans-Avoir, à la
tête de cent à trois cent mille hommes, et il avait
été suivi par d'autres bandes non moins nombreuses, commandées par Gostchalk, Volkmar,
et d'autres chefs. Presque tous ces premiers
croisés, qui allaient ravageant tout sur leur passage, furent massacrés avant d'avoir pu parvenir
à Constantinople.

Le rendez-vous général s'était donné dans les
plaines qui s'étendent entre la *Meuse et le Rhin.*
De là, les croisés semblent avoir généralement
suivi à travers l'*Allemagne* la rive *gauche du
Danube*, qu'ils traversaient au confluent de la
Waag. Ils suivaient alors le fleuve à travers la
Hongrie, jusqu'à *Mursa*, où ils passaient la
Drave; et jusqu'à *Sirmium*, où ils franchissaient
la *Save* pour pénétrer dans l'*empire grec.* De ce
point, ils se dirigeaient vers *Sardique*, mais en
côtoyant encore le Danube. De Sardique, ils
parvenaient, après avoir franchi le *mont Hémus*
(Balkan), à *Andrinople*, et de cette dernière
ville, à *Byzance*, où ils se reposaient de leurs fa-
tigues. Mais on doit observer que l'itinéraire que
nous venons de tracer n'est que la direction générale que suivirent les croisés, et de laquelle
plusieurs bandes s'écartèrent

Enfin les croisés passent le détroit et arrivent
en *Asie*, où ils s'emparent de *Nicée;* puis vain-

queurs à la grande *bataille de Dorylée*, ils traversent l'Asie-Mineure par *Antiochette* et *Iconium*, et arrivent successivement à *Tarse*,
Mopsueste, *Germanicopolis*, *Alexandrette* et
Antioche. — D'Alexandrette, Baudouin, à la
tête d'un petit corps d'armée, va soumettre une
partie de la Cilicie et de l'Arménie, et fonde la
PRINCIPAUTÉ d'EDESSE, qui releva plus tard du
royaume de Jérusalem.

Les croisés de la grande armée, réduite à moins
de cent mille hommes, s'arrêtent devant *Antioche*, battent sur l'Oronte une première armée
de Turks, s'emparent de la ville dont Bohémond
devient prince, et remportent sous ses murs une
nouvelle victoire qui les affaiblit encore. Enfin
ils parviennent à JÉRUSALEM au nombre de vingt-
cinq mille environ, et s'en emparent le vendredi
15 juillet 1099, à l'heure et au jour même de la
Passion.

Godefroy fut élu ROI DE JÉRUSALEM : et il affermit son trône par la bataille d'*Ascalon*, qu'il
gagna sur les Fatimites.

Voici maintenant l'itinéraire que suivaient
les pieux pélerins qui allaient, avant la première
croisade, visiter la Terre-Sainte.

De *Bordeaux*, que nous prenons pour point
de départ, les pélerins, presque toujours en grand
nombre, se dirigeaient à l'est et passaient à *Auch*,
*Toulouse, Carcassonne, Narbonne, Béziers,
Nîmes* et *Arles*, où ils traversaient le *Rhône*.
D'Arles, ils remontaient à *Avignon*, à *Orange*,
puis à *Embrun* sur la *Durance*. Ils passaient les
Alpes au *mont Genèvre*, et arrivaient à *Turin*.

De là, ils suivaient le *Pó* jusqu'à *Pavie* pour remonter vers *Milan*, d'où ils allaient à *Bergame*,
Brescia, *Vérone* et *Aquilée* Puis ils franchissaient les Alpes Juliennes pour arriver à *Æmona*
(Laybach), sur la *Save*, à *Celeia*, à *Pettau*, sur
la *Drave*, qu'ils suivaient jusqu'à *Mursa*. De
cette ville ils revenaient encore passer la *Save* à
Cibalis (Svilaï), et la suivre jusqu'à *Sirmium*, et
à *Belgrade*. De cette ville ils côtoyaient un
peu le *Danube*, puis se dirigeaient au sud-est sur
Naïssus (Nisse) et *Sardique* (près de Sophia). Le
mont *Hémus* franchi, ils arrivaient à *Philippopo-
lis*, *Andrinople*, *Héraclée*, et enfin à *Constantinople.* — Ils passaient ensuite le *Bosphore*
(canal de Constantinople), et parvenaient successivement à *Chalcédoine*, *Nicomédie*, *Nicée*,
Ancyre, *Tyane*, *Tarse*, *Alexandrette*, *Antioche* et JÉRUSALEM.

Le retour, depuis *Héraclée*, sur la mer de
Marmara, se faisait à travers la Thrace et la
Macédoine jusqu'à *Dyrrachium* (Durazzo) ; puis
Apollonie, et de là, en traversant le canal, à
Otrante, *Brindes*, *Capoue*, ROME, *Ariminium*,
(Rimini), *Bologne*, *Modène*, *Parme*, *Plaisance*,
Pavie et *Milan*.

Nous avons eu soin d'indiquer encore dans
cette carte, par des rubans coloriés, les autres
principales croisades, savoir :

La *troisième* (1186-1199), à laquelle prirent
part :

1° L'empereur d'Allemagne, *Frédéric Barberousse*, qui partit le premier avec une armée de
cent mille hommes presqu'entièrement détruite

dans l'Asie Mineure , où Frédéric mourut lui-
même.

2º *Richard-Cœur-de-Lion* , roi d'Angleterre,
et *Philippe-Auguste*, roi de France : celui-ci part
de Marseille , et Richard s'embarque à Gênes.
Ils arrivent tous deux en Sicile et s'y brouillent.
Philippe arrive le premier devant Ptolémaïs
(Saint-Jean-d'Acre) ; Richard aborde à l'île de
Chypre, la soumet, et les deux armées réunies
s'emparent de Ptolémaïs ; Philippe revient en
France, et Richard , jeté par la tempête, sur la
côte de Dalmatie, est retenu longtemps prisonnier par l'empereur Henri VI.

La *quatrième*, (1202-1204), presqu'entièrement faite au profit de Venise, qui fournit la
flotte pour transporter l'armée des croisés dont
Baudouin IX , comte de Flandre, *Boniface* II,
marquis de Montferrat, et *Henri Dandolo* ,
doge de Venise, furent les principaux chefs. Cette
armée reprend Zara pour les Vénitiens, et
au lieu d'aller combattre les infidèles , cingle
vers Constantinople, s'en empare, et Baudouin
est fait empereur d'Orient , tandis que Venise
s'empare des meilleures et des plus nombreuses
possessions de cet empire.

La *septième* (1248-1254), commandée par
Saint-Louis qui s'embarque à Aigues-Mortes (ou
à Marseille), arrive en Chypre et va perdre la
bataille de Mansourah en Egypte, après des pro-
diges de valeur. Il y est fait prisonnier, rachète
sa liberté par l'abandon de Damiette , qu'il avait
conquise, paie une riche rançon *pour les cheva-*

liers français, et va visiter la Palestine en simple pélerin. La mort de sa mère le rappela en France.

La *huitième* et la *dernière* (1270), dans laquelle saint Louis mourut de la peste, à Tunis, après avoir, ainsi qu'en Egypte, fait l'admiration de son armée et des infidèles par son courage et sa sublime résignation.

Ainsi les CROISADES qui furent l'événement héroïque du moyen-âge, et qui révélèrent au monde l'Europe chrétienne, durèrent 175 ans, depuis 1095 (concile de Clermont), jusqu'en 1270, où elles se terminèrent par la mort d'un des plus grands rois de France.

EUROPE HISTORIQUE.

Nous présentons dans cette carte l'état de la géographie politique de l'Europe, à quatre époques remarquables de son histoire, savoir : sous Charlemagne ; sous Charles-Quint ; au commencement de la révolution française ; et sous l'empereur Napoléon.

I. EUROPE EN 800, A L'ÉPOQUE DU GRAND EMPIRE DES FRANCS, FONDÉ PAR CHARLEMAGNE.

Nord de l'Europe.

On y trouve : — Dans la Scandinavie, le ROYAUME DE NORVÉGE, celui de SUÈDE, et celui de DANEMARK, sur lesquels régnait alors *Sigurd* II. Vers cette époque, ces peuples n'étaient point chrétiens, et s'étaient rendus redoutables par leurs pirateries. — Dans la Grande-Bretagne, les PICTES et les SCOTS se disputaient la Calédonie (Ecosse) ; — les ROYAUMES ANGLO-SAXONS, réduits à trois, allaient être bientôt réunis en un seul royaume, par *Egbert-le-Grand*, roi de WESSEX ; — les BRETONS du pays de Walles avaient des rois particuliers ; — et l'IRLANDE était dominée par la race des Scots. — Les principales villes de ces royaumes étaient : *Scone*, chez les PICTES ; — *York, Londres* et *Winchester*, capitales du

13

Northumberland, de la Mercie, et du Wessex ;
— et *Armagh*, en Irlande.

Centre de l'Europe.

Il était occupé par le grand **EMPIRE DE
CHARLEMAGNE**, roi des Francs, couronné
empereur d'Occident, à Rome, par le pape Léon III
(l'an **800**). Cet empire s'étendait de la *Theiss*,
jusqu'à l'*Adour*, et de l'embouchure de l'*Elbe*,
à celle du *Tibre*. — Ses deux capitales étaient :
Rome, et *Aix-la-Chapelle*, séjour affectionné
de Charlemagne. — Les provinces étaient : —
la *Neustrie*, entre la Loire et la Meuse ; — l'*A-
quitaine*, entre la Loire, le Rhône, et les Pyrénées ; — la *Bourgogne*, entre le Rhône, le Rhin,
et les Alpes ; — le *royaume d'Italie*, qui s'é-
tendait des Alpes, jusqu'à Gaëte ; — la *Pannonie* (Hongrie), qui embrassait presque toute la
vallée du Danube supérieur, et qui comprenait
la *Bavière* ; — l'*Allemannie*, entre le Rhin, le
Danube, et le Wéser ; — l'*Austrasie*, entre la
Meuse, et le Wéser ; — la *Saxe*, depuis le cours
inférieur du Rhin, jusqu'à l'Elbe ; — et les *Slaves*, entre l'Elbe et l'Oder ; — puis, dans la Méditerranée, la *Corse*, la *Sardaigne*, et les îles
Baléares.

Encore au centre, la RÉPUBLIQUE DE VENISE, peu
puissante encore. Le domaine de l'Eglise rétabli par Charlemagne, et rendu au pape Léon III.
— La PRINCIPAUTÉ DE BÉNÉVENT, dont les souve-
rains sont rendus tributaires du roi des Francs ;

— et puis encore, dans l'Italie, quelques provinces : *Gaëte*, *Naples*, et la *Sicile*, qui restent aux empereurs d'Orient.

Ouest de l'Europe.

Dans l'Espagne, le ROYAUME CHRÉTIEN DES ASTURIES, où s'étaient retirés les descendants des rois Wisigoths ; — puis, le KHALIFAT DE CORDOUE, qui embrassait toute l'Espagne, depuis le *détroit de Gibal-Tarik* (Gibraltar), jusqu'au *Duero*.

Au delà du détroit, les Musulmans ont fondé en Afrique le ROYAUME DE FEZ, et celui de KAÏRWAN.

Est de l'Europe.

Du nord au sud, les SLAVES, qui s'étendent de la Theiss et de l'Oder, jusqu'aux sources du Volga ; — les AVARES, qui ont fondé un empire étendu encore entre la Theiss, le Danube, et le Dniepr, malgré les sanglantes défaites que Charlemagne leur a fait éprouver ; — plus loin, entre le Dniepr et le Volga, l'EMPIRE DES KHAZARS, qui touche vers le sud-est à l'ALANIE, au pied du Caucase, où se trouvent aussi établis les *Zickhes*. — Tous ces peuples sont encore barbares, et privés des lumières du christianisme.

Mais en deçà du Danube, et du cours inférieur de la Saye, jusqu'en Asie, au fond de la mer Noire ; et depuis l'île de Chypre, jusqu'à la Sicile, s'étend l'EMPIRE D'ORIENT, encore puissant, quoique bien affaibli par les invasions des Barbares. — L'impératrice *Irène* règne à Constantinople, et l'on prétend qu'elle offrit sa main au grand empereur d'Occident.

Enfin, plus à l'est, et toujours en Asie, s'étendent les possessions du KHALIFAT DE BAGDAD, occupé par le célèbre *Haroun-al-Raschid*, qui envoya des présents à Charlemagne.

II. EUROPE SOUS CHARLES-QUINT, VERS 1556.

Cette carte présente la géographie politique de l'Europe, au moment où Charles-Quint résigna l'empire et se retira dans le couvent de Saint-Just, en Espagne.

Nord de l'Europe.

On y trouve : — le ROYAUME DE DANEMARK, auquel celui de NORVÉGE est réuni : capitale, *Copenhague*, où règne *Frédéric II*; — le ROYAUME DE SUÈDE, capitale, *Stockholm*, sous le célèbre *Gustave Wasa*, le libérateur de la Suède; — le ROYAUME D'ANGLETERRE, comprenant l'IRLANDE, capitales *Londres* et *Dublin*, alors au pouvoir de la sanguinaire *Marie*, qui épousa *Philippe II*, fils de Charles-Quint; — le ROYAUME D'ECOSSE, capitale *Edimbourg* : le trône était occupé par l'infortunée *Marie-Stuart*, alors reine d'Ecosse et de France.

Europe centrale et occidentale.

On y remarque : — l'EMPIRE DE CHARLES-QUINT qui comprenait le ROYAUME D'ESPAGNE, capitale *Madrid;* la SARDAIGNE ; le ROYAUME DES DEUX-SICILES, capitales *Naples* et *Palerme;* — la TOSCANE et le MILANAIS ; — et tout L'EMPIRE D'ALLEMAGNE, capitale *Vienne.* — LE ROYAUME DE FRANCE, capitale *Paris*, alors gouverné par *François Ier*, le brillant rival de Charles-Quint; la France s'étend à cette époque, des Pyrénées jusqu'au cours supérieur de l'Escaut et de la Meuse, et de là jusqu'au Var. — La CONFÉDÉRATION SUISSE entre le lac de Genève et le lac de Constance ; — la RÉPUBLIQUE DE GÊNES qui possède la CORSE ; — les ETATS DE L'EGLISE, capitale *Rome*, où siége sur le trône de Saint-Pierre le pape *Paul IV*, trente-trois ans après le fameux *Léon X*, le protecteur des beaux-arts et des lettres, et qui a donné son nom à cet âge de la littérature ; — enfin, la RÉPUBLIQUE DE VENISE, qui possède les îles IONIENNES, MALTE, CANDIE, RHODES et CHYPRE.

Europe orientale.

On y trouve du nord au sud : — les possessions de l'ORDRE DE LIVONIE dont *Henri de Galen* était alors grand-maître ; — le DUCHÉ DE PRUSSE sous *Albert de Brandebourg* dont la capitale est *Kœnigsberg;* — le ROYAUME DE POLOGNE où règne, à *Varsovie, Sigismond II Auguste*, le dernier des Jagellons ; — le GRAND-DUCHÉ DE

13.

Russie, gouverné par *Ivan IV Wasiliéwitch*, célèbre par ses exploits et sa cruauté. Il prend le titre de *Czar* ou roi : voilà pour l'Europe chrétienne. L'empire Ottoman s'étend dans le reste de l'Europe, de Vienne à l'embouchure du Don, et puis en Asie et en Afrique : *Soliman II le Magnifique*, règne à *Constantinople*.

III. EUROPE EN 1789, AU COMMENCEMENT DE LA RÉVOLUTION.

Vers cette époque terrible qui devait bouleverser le monde chrétien, voici quelle était la géographie politique de l'Europe.

Au nord.

Le royaume de Suède, gouverné par *Gustave III* qui meurt assassiné ; — le royaume de Danemark et de Norvége, où règne le faible *Christian VII :* il eut pour ministre le célèbre Struensée; — Les Iles Britanniques, qui prennent un peu plus tard (1800) le titre de *Royaume uni de la Grande-Bretagne et de l'Irlande*. Il est gouverné par *Georges III* (de 1760 — 1820).

A l'ouest.

Le Portugal dont le trône est occupé par Jean VI ; l'Espagne où règne Charles IV.

Au centre de l'Europe.

Les Provinces-Unies, capitale *Amsterdam :* cette république était alors commandée par le dernier stathouder *Guillaume V*, d'Orange ;

— les Pays-Bas autrichiens ; — le royaume de France, sous l'infortuné *Louis XVI* : la France s'étend à l'est jusqu'au Rhin et possède la Corse ; — la Confédération suisse ; — le royaume de Sardaigne formé du *Piémont* et de la *Sardaigne* : il est gouverné par *Victor-Amédée III* : sa capitale est *Turin*, sur le Pô ; — au sud de ce fleuve, la république de Gênes ; les duchés de Parme, de Modène, de Lucques ; le grand duché de Toscane, capitale *Florence ;* — les Etats de l'Eglise qui obéissent à *Pie VI*, mort à Valence (1800) ; le royaume de Naples où règne *Ferdinand IV* de la maison de Bourbon ; — la république de Venise qui conserve encore quelques possessions ; — l'Empire d'Allemagne qui se compose de l'Allemagne propre, et des Etats héréditaire de la maison d'Autriche et du Milanais : *Joseph II* de la maison de Lorraine, fils de la fameuse *Marie-Thérèse*, règne à *Vienne*, capitale de tout l'empire ; — le royaume de Prusse, capitale *Berlin*, où règne *Frédéric-Guillaume II*, neveu du grand Frédéric ; — le royaume de Pologne qui a déjà subi un premier partage entre les cours de Vienne, de Berlin et de Saint-Pétersbourg : *Stanislas-Auguste II*, *Poniatowski*, dernier roi de Pologne, va bientôt mourir dans la capitale de la Russie : à cette époque, la Pologne s'étend jusqu'à la Dwina et au Dniepr.

A l'est de l'Europe.

L'empire de Russie que gouvernait alors la fameuse *Catherine II* : sa capitale est *Saint-*

Pétersbourg, fondée par *Pierre-le-Grand* : — et l'EMPIRE OTTOMAN déjà déchu de son ancienne splendeur : *Sélim II*, à l'époque qui nous occupe, montait à peine sur le trône de *Constantinople*.

IV. EUROPE EN 1812, SOUS L'EMPEREUR NAPOLÉON

Vingt-trois ans s'étaient écoulés depuis le commencement de la révolution française et déjà la face de l'Europe était entièrement changée.

EMPIRE FRANÇAIS. Vers cette époque, l'empire fondé par Napoléon avait atteint sa plus grande puissance. La teinte rose foncé indique l'étendue de l'EMPIRE FRANÇAIS proprement dit ; la teinte plus claire montre sur quelles autres parties de l'Europe s'étendait l'influence du grand empereur.

L'EMPIRE FRANÇAIS avait pour fleuves extrêmes, l'Adour à l'ouest, l'Elbe au nord, et le Tibre au sud : les principales villes de l'empire sont, après PARIS, *Amsterdam*, *Hambourg*, *Genève*, *Gênes*, *Florence et Rome*.

Les États sur lesquels s'étend l'influence de l'empereur sont : — l'ESPAGNE presque tout entière où règne *Joseph Bonaparte;* — le ROYAUME D'ITALIE, capitale *Milan*, gouverné au nom de Napoléon par le prince *Eugène de Beauharnais;* — le ROYAUME DE NAPLES, où règne *Murat* beau-frère de l'empereur; — la SUISSE; — la CONFÉDÉRATION DU RHIN, dont il est le protecteur; — le DANEMARCK ET LA NORvège, toujours alliés fidèles de Napoléon ; — enfin le GRAND-DUCHÉ DE VARSOVIE, seul débris du royaume de Pologne.

Les Etats indépendants de l'Europe sont :

Au nord : — le ROYAUME DE SUÈDE, gouverné par *Charles XIII* de Sudermanie, qui adopte le général français Bernadotte ; — les ILES BRI-TANNIQUES, dont le gouvernement ne cessa d'être en guerre contre Napoléon : le vieux George III règne encore, et le prince de Galles est *régent*.

A l'ouest : — le PORTUGAL, quelque temps occupé par les Français ; — et QUELQUES PARTIES de l'Espagne, jamais soumises aux armes de là France.

Au sud : — la SARDAIGNE, qu'a conservée *Victor-Emmanuel;* — la SICILE, où règne encore à *Palerme*, *Ferdinand IV*.

Au centre : — l'EMPIRE D'AUTRICHE, presqu'entièrement réduit aux états héréditaires de cette maison, que gouverne *François II;* — la PRUSSE, qui obéit à *Frédéric-Guillaume III*.

A l'est, — l'EMPIRE DE RUSSIE, entre les mains de l'empereur *Alexandre;* — l'EMPIRE OTTOMAN, qui continue à s'affaiblir malgré les efforts de *Mahmoud II*.

On a eu soin de marquer dans ces cartes les lieux célèbres dans l'histoire générale de l'Europe et particulièrement ceux de l'histoire de France.

FRANCE HISTORIQUE.

Il nous reste à présenter rapidement l'étendue et les divisions politiques de la France, à quelques-unes des époques les plus remarquables de son histoire.

I. FRANCE A L'AVÉNEMENT DE CLOVIS I, EN 481.

A l'époque où *Clovis* I, le véritable fondateur de la monarchie franque, montait sur le trône, l'ancien sol de la Gaule était occupé par six nations différentes.

Les FRANCS s'étendaient au nord de la Loire, depuis la Mayenne jusqu'aux sources du Mein et du Wéser ; et au sud-est, l'Inn bornait leurs possessions. Ils étaient encore divisés en plusieurs petits royaumes indépendants, et que Clovis réunit plus tard sous son sceptre. — *Orléans*, le *Mans*, PARIS, *Metz*, *Trèves*, *Cologne*, *Ratisbonne*, et *Augsbourg*, étaient leurs principales cités. — A l'est, le territoire des Francs touchait à la THURINGE, et au delà de *Ratisbonne*, on rencontrait les tribus des SLAVES.

Au milieu même des possessions des Francs, les ROMAINS ou anciens Gaulois conservaient encore un petit territoire autour de *Soissons*, défendu par *Syagrius*, le dernier général romain dans la Gaule.

A l'ouest, et toujours au nord de la Loire, les ARMORICAINS indépendants cherchaient à défendre leur territoire contre les malheureux BRETONS qui venaient s'y réfugier.

Au sud de la Loire, et à l'ouest du Rhône, les WISIGOTHS, sous leur roi *Evaric*, possédaient tout : en France, TOULOUSE était leur capitale, et leurs autres grandes villes étaient : *Narbonne, Clermont, Tours, Poitiers* et *Bordeaux*. — Un peu à l'ouest de l'embouchure de l'Adour, les BASQUES se montraient indépendants ; mais il ne sont point compris dans la Gaule.

Enfin, à l'est du Rhône, entre le cours inférieur de la Loire, les sources de la Seine, de la Saône et du Rhône, et la chaîne des Alpes, se trouve le ROYAUME BOURGUIGNON que *Gondebaud* venait d'usurper sur Chilpéric son frère ; LYON était sa capitale, et les autres villes remarquables sont : *Arles* et *Marseille*, au sud ; au nord, *Châlons, Besançon* et *Genève*.

Puis au delà des Alpes, l'Hérule *Odoacre* va bientôt (493) se voir arracher l'Italie par les OSTROGOTHS, sous le *grand Théodoric*. Là, on trouve *Milan, Aquilée* et *Ravenne*.

Tous ces royaumes, tous ces peuples, ceux au moins de la Gaule deviennent bientôt le domaine du roi des Francs.

D'abord il enlève aux Romains *Soissons* et son territoire, après avoir vaincu Syagrius ; puis il court battre les *Allemands* à *Tolbiac*, près Cologne, et les rejette au delà du Rhin, dans les plaines de la Thuringe. C'est alors qu'il se fit catholique. Bientôt les *Armoricains* se soumettent volontairement à ses lois; puis il fait la guerre au roi des Bourguignons, le bat, et lui accorde la paix à condition qu'il embrassera le catholicisme : ce roi bourguignon était arien. Il attaque enfin les Wisigoths, défait et tue leur roi *Alaric* à la grande bataille de *Vouillé*, aux environs de Poitiers, et s'empare de *Toulouse*, leur capitale.

II. FRANCE APRÈS LA BATAILLE DE VOUILLÉ, EN 507.

Ainsi, le ROYAUME DE CLOVIS, après sa victoire de Vouillé, comprenait les bassins tout entiers de l'Adour, de la Garonne, de la Loire, de la Seine, de l'Escaut, de la Meuse, et le bassin inférieur du Rhin.

Il était borné au nord-est par la THURINGE; à l'est par la SLAVIE et par le ROYAUME DE BOURGOGNE; au sud par le ROYAUME DES WISIGOTHS, qui s'étendait le long de la Méditerranée jusqu'aux Alpes, au sud de la Durance. — Au delà des Alpes on trouvait le ROYAUME DES OSTROGOTHS, où régnait encore le célèbre Théodoric. — Chez les Wisigoths, le trône était occupé par Amalaric, sous la tutelle de son aïeul Théodoric.

Dans ces deux cartes on aperçoit dans la partie méridionale de la Grande-Bretagne, les BRETONS à l'ouest, et les royaumes saxons de WESSEX, de SUSSEX et de KENT.

III. FRANCE EN 888, LORS DU DÉMEM-BREMENT DE L'EMPIRE DES FRANCS. A LA DÉPOSITION DE CHARLES-LE-GROS.

Les successeurs de Clovis, tout en se partageant son vaste royaume, et en se déchirant sans cesse entre eux, ne continuèrent pas moins à l'agrandir encore. La *Bourgogne* fut conquise, la *Thuringe* aussi, et plus tard, le fils de Pepin le-Bref, Charlemagne, fonda le *second empire d'Occident* que nous avons décrit (page 145).

Mais un siècle ne s'était pas écoulé que cette vaste monarchie, composée d'éléments si divers, s'était entièrement dissoute. Déjà en 843, deux ans après la grande bataille de *Fontenay* (entre Auxerre et Orléans), un premier partage avait eu lieu ; cependant ce n'est qu'en 888, à la déposition de Charles III le Gros, que l'empire des Francs fut définitivement partagé. De ses débris *huit royaumes se formèrent*.

1° LE ROYAUME DE FRANCE dont *Eudes* fut élu roi par le vœu presque unanime de la nation française, formée du mélange de l'ancienne population gallo-romaine, avec les Francs de race germanique : ce royaume était compris entre l'Escaut, la Meuse, la Saône, la Loire et les Pyrénées.

2° LE ROYAUME DE GERMANIE dont les principales villes étaient *Aix-la-Chapelle*, *Metz*, *Trèves* et *Paderborn* ; il échut à *Arnoul* de

14.

Carinthie, élu à *Tribur*, près Mayence. A l'est ce royaume touchait à la POLOGNE.

3º Le ROYAUME D'ITALIE, que se disputaient *Gui*, duc de Spolète, et *Bérenger*, duc de Frioul.

4º Le ROYAUME DE BOURGOGNE TRANSJURANE, sous *Adolphe Welf* qui auparavant en était comte. Il embrassait la Suisse et une partie de la Franche-Comté actuelle.

5º Le ROYAUME D'ARLES ou de Bourgogne cis-jurane qui échut à *Boson*, beau-frère de Charles-le-Chauve. *Arles* et *Lyon* en étaient les deux principales villes. Ce royaume s'étendait entre la Saône et le Jura, la haute Loire et les Alpes.

6º Le ROYAUME DE NAVARRE au delà des Pyrénées; il s'était déjà soustrait depuis longtemps à la domination des empereurs carlovingiens. Plus tard, il se démembra en trois royaumes: de NAVARRE, sous *Garcie* IV; 7º D'ARAGON, sous *Ramire* I; 8º de CASTILLE, sous *Ferdinand* Ier. Ce partage eut lieu vers 1035. — Dans la Grande-Bretagne, les rois de *Wessex* avaient réuni sous leurs lois toute l'heptarchie, et fondé le ROYAUME D'ANGLETERRE.

IV. FRANCE A L'AVÉNEMENT DE HUGUES-CAPET, EN 987.

La révolution qui avait renversé du trône les Carlovingiens, dura un siècle, et ne se termina qu'à la mort de Charles de Lorraine, qui disputa vainement la couronne à *Hugues-Capet*.

Celui-ci, en montant sur le trône, n'était de

fait que le premier seigneur de France, et les grands vassaux étaient tous complétement indépendants du roi leur suzerain.

Le DOMAINE ROYAL, en 987, se composait de l'*Ile-de-France*, de l'*Orléanais*, du *Berry*, du *Maine*, de l'*Anjou*, et d'une grande partie de la *Champagne*. — Autour de ce noyau, se groupaient les possessions des grands vassaux de la couronne, savoir : le *comté de Flandres*, le *duché de Normandie*, le *duché de Bretagne*, le *duché d'Aquitaine*, le *duché de Gascogne*, le *comté de Toulouse*, et le *duché de Bourgogne*.

L'étendue de la France était d'ailleurs à peu près la même qu'à la déposition de Charles-le-Gros, seulement elle s'était avancée jusqu'au Rhône.

A l'est, la France est bornée par le ROYAUME D'ARLES, formé de la réunion des *deux royaumes de Bourgogne cisjurane et transjurane*; il était alors au pouvoir de *Conrad le Magnifique*.

Puis au delà du royaume d'Arles, et au nord-est de la France, on trouve le GRAND EMPIRE GERMANIQUE, embrassant toute l'Allemagne et toute l'Italie supérieure : il avait été fondé par *Othon-le-Grand*; et l'on compte parmi ses principales villes : *Mayence*, *Metz*, *Wurtzbourg*, *Strasbourg*, *Ratisbonne*, *Ausbourg*, *Milan*, *Vérone*, *Ravenne*, *Florence* et *Pise*. *Othon* III le *Sanguinaire* y régnait alors.

Le ROYAUME D'ANGLETERRE s'est agrandi, mais les DANOIS commencent à en infester les côtes

V. FRANCE SOUS LOUIS VII LE JEUNE, EN 1152.

Depuis que Guillaume-le-Conquérant s'était fait roi d'Angleterre, la *Normandie* et quelques autres provinces étaient devenues anglaises.

Louis VII le Jeune, par son divorce avec l'altière Éléonore, réduisit la France à moins de la moitié de son territoire. Cette princesse, en épousant *Henri Plantagenet*, duc de Normandie, et puis duc d'Anjou, du Maine et de Touraine, lui apporta en dot presque toute l'Aquitaine; et Henri s'empara, un peu plus tard, du Quercy et de la Gascogne, et manqua prendre Toulouse ; il étendit même son influence sur le comté de Provence de la maison espagnole de Barcelone, puis il devint à son tour roi d'Angleterre.

Ainsi, par cet impolitique divorce, le DOMAINE ROYAL de France se trouvait réduit à l'*Ile-de-France*, à l'*Orléanais* et au *Berry*.

La *Bretagne* préférait l'alliance de l'Anglais ; la *Flandre* était gouvernée par le roi Henri, comme tuteur du comte absent ; — la *Champagne* se détachait du roi de France ; — la *Bourgogne* était indépendante ; — L'ANGLETERRE possédait alors quarante-sept de nos départements, le roi de France n'en avait pas vingt. — En ALLEMAGNE, *Frédéric* 1 dit *Barberousse* montait sur le trône impérial.

V. FRANCE A LA MORT DE CHARLES VI, EN 1422.

Les conquêtes de Philippe-Auguste, et plus tard, la froide prudence de Charles V, soutenue par l'épée de Duguesclin, avaient diminué la puissance de l'Angleterre en France.

Mais pendant le règne funeste de *Charles* VI, la France, tour à tour ruinée et vendue par les oncles, le frère, la femme de cet infortuné roi, sembla prête à devenir tout entière la proie des Anglais. Leur roi, un enfant, Henri VI, prit le titre de roi de France, que conservèrent longtemps ses successeurs. — Ainsi, à la mort de Charles VI, le DOMAINE ROYAL ne comprenait que le *Languedoc*, le *Dauphiné*, le *Lyonnais*, le *Berry* et une petite fraction de l'*Orléanais*.

Les grands et puissants ducs DE BOURGOGNE possédaient la Bourgogne actuelle et la Franche-Comté avec presque toutes les provinces des PAYS-BAS; — la FLANDRE allait aussi leur appartenir. — La BRETAGNE, sous Jean VI, était flottante sans cesse entre l'Angleterre et la France; — le DAUPHINÉ D'AUVERGNE était indépendant sous le comte Béraud III; — ainsi que le BÉARN; — le COMTÉ DE FOIX passait à la Navarre; — le COMTÉ DE PROVENCE obéissait à *Louis* III, arrière-petit-fils du roi Jean.

Le reste de la France, la plus grande partie, formait la FRANCE ANGLAISE; *Paris* y était compris.

14.

C'est pourtant dans ce moment, où tout paraissait perdu, que Charles VII le Victorieux, aidé de ses capitaines Richemont, Dunois, La Hire, Xaintrailles, Barbazan, et conduit par *Jeanne-d'Arc*, chassa les Anglais de la France, et ne leur laissa que *Calais !*

Vers cette époque aussi, notre carte nous fait voir au sud-est de la France, la Suisse, soustraite dès l'an 1307 à la domination des empereurs d'Allemagne qui ont aussi perdu l'Italie; — le duché de Savoie, dont le premier duc fut *Amédée* VIII, sa capitale était *Turin* : ce duché s'étendait de la Saône et du Rhône, jusqu'au golfe de Gênes : — en Italie, au nord-ouest du patrimoine de l'Eglise, se voient les petits états de *Sienne*, de *Florence*, de *Bologne*, de *Ferrare*, de *Modène*, d'*Este*, de *Mantoue*, la République de Venise, le duché de Milan, et la République de Gênes.

VII. FRANCE A LA MORT DE LOUIS XI, EN 1483.

Lorsque Louis XI parvint au trône (1461), trois grandes puissances féodales subsistaient encore : — la Bretagne à l'ouest, la *Provence*, l'*Anjou*, *le Maine* et la *Lorraine*, que possédait la maison d'Anjou ; — enfin, la Bourgogne qui s'étendait à la fois en France et en Allemagne, au delà de la Champagne.

Les grandes villes de l'ouest et du sud regrettaient la puissance anglaise, vers laquelle les ducs

de Bretagne et de Bourgogne se sentaient entraî-
nés ; le roi avait des ennemis partout.

Il les attaqua, fut presque battu ; et alors il les
désunit, les gagna à son parti, ou fit tomber leur
tête sur l'échafaud : le peuple, qui ne l'aimait pas,
tenait cependant pour lui contre les grands.

A sa mort, il avait réuni à la couronne le
Roussillon et la *Cerdagne;* la *Picardie* et la
Bourgogne; la *Provence*, *le Maine* et l'*Anjou;*
le *Perche*, l'*Artois* et la *Franche-Comté:* en
tout neuf provinces. — Il ne restait plus à réunir
au domaine royal que la *Flandre*, la *Bretagne*,
le *Béarn*, le *comté de Foix*, et le *Dauphiné
d'Auvergne;* — le *comtat Venaissin* et la *principauté d'Orange.* — Ainsi, la FRANCE à cette
époque s'étend des Pyrénées jusqu'à la Meuse et
à l'embouchure de l'Escaut ; et depuis Lyon elle
va au sud-est, toucher les Alpes.—L'ANGLETERRE
conserve encore *Calais.*

La SUISSE s'est un peu agrandie.—Le duché de
SAVOIE, les états D'ITALIE et l'empire D'ALLEMAGNE
ont éprouvé peu de changements géographiques.

VIII. FRANCE A LA PAIX DE WESTPHA-
LIE, EN 1648.

Par le *traité de Westphalie* qui termine la
fameuse *guerre de trente ans*, la France acquiert
le landgraviat D'ALSACE et les évêchés de TOUL,
de METZ et de VERDUN, et quelques autres
places.

La LORRAINE restait encore à réunir, mais elle
ne le fut qu'en 1768. — Pour la FRANCHE-COMTÉ,

le traité de Nimègue (1678) la donna à Louis XIV.
— Le COMTAT VENAISSIN devait l'être en 1791.

A la même époque, et par le même traité,
l'Espagne reconnaissait la république des PRO-
VINCES-UNIES, comme puissance libre et indépendante, mais elle conservait les PAYS-BAS.

Dans les autres états que présente cette carte,
peu de changements ; seulement le DUCHÉ DE
MILAN, la RÉPUBLIQUE DE VENISE et la TOSCANE se
sont beaucoup agrandis.

IX. FRANCE A L'AVÉNEMENT DE LOUIS XV, EN 1715.

A l'exception de la *Lorraine*, enclavée dans
son territoire, de quelques autres villes du
nord-est, comme *Dunkerque*, et du *comtat
Venaissin*, la FRANCE, à l'avénement de Louis XV
au trône, a atteint à peu près ses limites actuelles.
La paix d'Utrecht venait de lui assurer la possession, de *Lille*, de *Béthune*, et d'autres places encore de la Flandre.

Nous avons eu soin de marquer dans cette
carte la position des provinces qui la composèrent alors, et qui formaient, avant la révolution
de 1789, *trente-trois gouvernements* (*voy.* page
365 première série). Ces positions serviront à faire
apprécier aisément l'étendue de chacune des divisions territoriales de la France aux diverses
époques que nous venons de parcourir.

FIN DE LA DEUXIÈME SÉRIE.

TABLE DES MATIÈRES.

FIN DE LA TABLE.

www.ingramcontent.com/pod-product-compliance
Lightning Source LLC
Chambersburg PA
CBHW060800110426
42739CB00032BA/2121